MONETARY POLICY AND
ITS
UNINTENDED CONSEQUENCES

干预陷阱

货币政策
及其意外后果

[印] 拉古拉姆·拉詹◎著
（Raghuram Rajan）

王永钦　高成凡◎译

MONETARY POLICY AND
ITS
UNINTENDED CONSEQUENCES

格致出版社　上海人民出版社

图书在版编目(CIP)数据

　　干预陷阱：货币政策及其意外后果／（印）拉古拉姆·拉詹著；王永钦，高成凡译. -- 上海：格致出版社：上海人民出版社，2025. -- ISBN 978-7-5432-3700-1

　　Ⅰ. F820.1

　　中国国家版本馆 CIP 数据核字第 2025D5J814 号

责任编辑　郑竹青
封面装帧　仙境设计

干预陷阱：货币政策及其意外后果

[印]拉古拉姆·拉詹 著

王永钦　高成凡 译

出　　版　格致出版社
　　　　　上海人民出版社
　　　　　(201101　上海市闵行区号景路 159 弄 C 座)
发　　行　上海人民出版社发行中心
印　　刷　上海盛通时代印刷有限公司
开　　本　787×1092　1/32
印　　张　5
插　　页　6
字　　数　78,000
版　　次　2025 年 9 月第 1 版
印　　次　2025 年 9 月第 1 次印刷
ISBN 978 - 7 - 5432 - 3700 - 1/F·1645
定　　价　58.00 元

译者序

适可而止：货币政策的艺术

● 先知的声音：拉詹的思想肖像

历史总是以微妙的方式挑选它的先知。2005年，全球金融精英齐聚杰克逊霍尔，为"格林斯潘时代"齐声喝彩时，一位来自印度的经济学家却在掌声中投下冷峻的警告——他就是拉古拉姆·拉詹（Raghuram Rajan）。三年后，雷曼兄弟轰然倒塌，全球金融危机席卷而来，人们才意识到，这个曾被讥为"杞人忧天"的声音，原来是真正的预言。

这份洞察力并非偶然。拉詹出生于印度外交官家庭，童年辗转印度尼西亚、斯里兰卡与比利时，早早获得跨文化视野。他以印度理工学院电气工程学士起步，却在艾哈迈达巴德管理学院攻读 MBA 时，被金融学的魅力吸引，走上学术道路。1991 年，他获 MIT 博士学位，加入芝加哥大学布斯商学院任教，凭借银行理论与金融系统研究声名鹊起。2003 年，他成为美国金融协会首届费希尔·布莱克奖得主。该奖旨在表彰 40 岁以下最具开创性的金融研究者。授奖词盛赞他"为我们了解各个金融机构、现代企业的运行方式以及各国金融业发展的因果关系等方面作出了开创性贡献"。此后，拉詹屡获殊荣，包括 2011 年印度印孚瑟斯经济科学奖（Infosys Prize for the Economic Sciences），2013 年德意志银行金融经济学奖。在法兰克福的颁奖典礼上，颁奖人诺奖得主道格拉斯·戴蒙德赞誉其研究"总是清楚地表明研究主题和研究成果可以如何改善整个世界"。

拉詹绝非象牙塔中的学者。2003 年 8 月，他接替哈佛大学著名的经济学教授肯尼斯·罗格夫，出任 IMF 首席经济学家。在任期间，他力主将金融行业面临的问题纳入 IMF 的国家经济模型，并对金融稳定性投以持续关注。此后，他回到祖国印度，先后担任印度金融行业改革委员会主席、印度总理经济顾问、印度政府财政部首席经济顾问等要职。2013 年 9 月，拉詹出任印度储备银行（央行）行长。彼时印度深陷"缩减恐慌"（taper tantrum）——美联储主席伯南克突然宣布缩减量化宽松（QE），引发新兴国家资本外流、汇率市场和资产市场剧烈震荡，以及一系列经济后果。拉詹果断施策，迅速稳定卢比汇率，显著降低了通胀，并稳步增加外汇储备。

学者与政策制定者的双重身份赋予拉詹独特的视角：当西方学者沉迷于数学模型时，他始终警惕理论的傲慢；当政策制定者追逐短期稳定时，他坚持追问长期代价。诚如开篇所述，早在 2005 年，他便洞悉了金融繁荣表象下的脆弱根基。他指出，金融发展扭曲了金融机构和投资经理的激励机制，诱使其过度承担风险。这种风险偏好不断自我强化，推高资产价格、脱离基本面，系统性风险悄然累积。而市场与机构间盘根错节的关联，更可能在危机来临时同步恶化流动性与资产质量，放大顺周期波动，陡增金融危机爆发的概率。这一警告当时备受质疑，但数年后全球金融危机的爆发不幸印证了他的判断。危机后，他将自己的思考写入了《断层线》（*Fault Lines*）一书中，从政治经济学的独特视角剖析了危机根源：收入差距迫使政治家通过放松信贷缓解社会压力，人为刺激消费，最终催生房地产泡沫。

拉詹所审视的问题始终处于风暴的中心。当央行在危机后非常规货币政策的深海中艰难航行时，他再度举起警示之灯，照亮那些被忽视的暗礁。所谓非常规货币政策，是指在名义利率已降至零下限、传统政策工具失效时，央行通过购买长期资产、压低长端利率、扩张银行体系准备金等手段刺激经济。量化宽松正是其中最典型的形式——央行大规模购买国债及其他金融资产，向市场注入流动性。拉詹指出，金融危机后的非常规货币政策不仅效果有限，还可能引发意外后果。例如，Acharya 和 Rajan（2024）指出，央行通过量化宽松扩张准备金，为商业银行注入流动性，但后者的行为会抵消其流动性效应，甚至加剧系统脆弱性。具体机制如下：商业银行为持有央行准备金会发行短期、可赎回存款融资，这些存款本身也构成了对流动性的索求；部分准备金还会因监管要求或银行自身投机活动被"锁定"，无法在危机来临时动用；并且，在流动性压力时期，健康银行出于"自保"会选择囤积准备金，导致本应纾困的准备金无法流动。

最终，"流动性如洪流涌入银行，却因堤坝（负债扩张）、渗漏（缩水）与蓄水池（囤积）而无滴水可饮"。

从拉詹的经历可以看出，货币政策不仅依赖理性分析和模型计算，更是一种艺术：在复杂、动态的经济体系中，需要对风险、激励和不确定性保持敏感。他的决策风格体现出"适可而止"的智慧——既不盲目扩张，也不过度保守，而是力求在短期稳定与长期可持续之间找到平衡。

纵观拉詹的思想轨迹，他始终是一位秉持独立精神与批判锋芒的知识分子。本书延续了拉詹的这一精神。在书中，他对非常规货币政策的意外后果进行了深刻反思，更前瞻性地探讨了央行职能边界与货币政策国际协调等核心议题。他的观察不仅具有理论穿透力，更对当下及未来的政策实践具有深远启示。对于欲洞悉未来社会经济与宏观金融走向的读者而言，此书无疑值得深研细读。

● 货币政策的困境：扭曲与拯救

2008年金融危机后，全球央行开启了一场史无前例的货币实验。量化宽松、负利率、前瞻性指引……这些曾被经济学教科书视为"极端情形"的工具，一夜之间成为常规武器。短期来看，它们成功遏制了金融系统的崩溃。但拉詹的深刻之处在于，他看到了这场实验的隐性成本：过度的风险承担、国家间溢出效应、对制度问题的掩盖以及政策退出的困难。我们今天获得的流动性，其代价可能是明天的稳定性。由此，拉詹提出核心论点：货币冒险主义并非灵丹妙药，反而会滋生意想不到的苦果，中央银行亟须重拾保守和克制。

故事始于房地产泡沫的破灭。2008 年金融危机前，美国消费者在房价持续上涨的预期下大量举债，以住房作为抵押推动消费需求。然而，危机爆发后，债务高企的家庭失去了借贷能力，消费急剧收缩，一个重要的总需求来源蒸发了。为了弥补这一需求缺口，理论上应通过降低实际利率，刺激无债务家庭的消费支出。但现实中，尽管央行迅速将名义利率降至接近零，实际利率的下降幅度仍然不足，原因在于名义利率存在"零利率下限"（zero lower bound，ZLB）的技术约束。凯恩斯主义理论认为，在危机后杠杆过高的世界中，实现充分就业所需的"中性实际利率"应为负值。因而，各国央行诉诸非常规工具、力求达成超低实际利率的理论基石。

这些非常规工具（如美国的"问题资产救助计划"或欧元区的"长期再融资操作"）在短期内成功稳定了市场，避免了大萧条重演。然而长期来看，它们并未能够有效推动经济增长。症结在于，本轮危机的根源并非单纯的周期性需求不足，而是深层次的结构性失衡。由于抵押品的分布不均、家庭的边际消费倾向各异、商品的可抵押性不同，债务驱动的需求往往会集中到特定地区、家庭和商品。这种被扭曲的需求所催生的繁荣，逐渐诱使供给结构随之扭曲。一旦金融危机到来，信贷枯竭，负债累累的家庭无力再消费，特定商品的需求发生了不成比例的变化，尤其是在先前繁荣的地区。正如 Mian 和 Sufi（2015）指出的，失业加剧、家庭债务高企以及随之而来的需求萎靡，都集中在房价曾飙升的特定地区。当萧条到来，留下的是一个供应过多错误类型商品或服务的经济体，无法与已经变化的需求相匹配。

面对经济的结构性失衡，以超低利率为核心、旨在刺激总需求的非常规货币政策效果有限，反而可能引发一系列的副作用。风险承担与投资扭曲首当其冲。在低利率环境下，投资者为了"追逐收益"（search for yield），纷纷转向垃圾债券、新兴市场债券或大宗商品 ETF 等高风险工具。这类风险承担可能仅停留在金融层面，未能转化为实际投资，反而可能积累系统性风险。发达国家的货币宽松政策不仅在国内造成脆弱性，还会通过资本流动渠道溢出至新兴市场，引发汇率升值、信贷扩张与脆弱性加剧。一旦发达国家政策转向，新兴市场将面临资本外流与金融动荡。非常规货币政策还可能掩盖深层制度痼疾，削弱政府改革动力，并使笃信央行"兜底"的银行家漠视尾部风险。最后，政策退出本身也可能触发动荡。在长期宽松政策下形成的高杠杆环境下，政策转向常伴随资产价格剧烈调整，引发新的市场动荡。因此，货币政策不仅是一门科学，更是一门艺术。央行必须学会把握力度、节奏与边界，就像一位经验丰富的艺术家在画布上运笔：过重则泼墨成灾，过轻则画面空白，唯有适可而止，才能绘出和谐的经济图景。

更进一步，本书构建了模型，深入讨论了核心国家非常规货币政策对新兴市场国家的溢出效应。当核心国家实行货币宽松政策时，全球流动性泛滥，资本便倾向于流入新兴市场。这些国家原本存在发展融资缺口，短期内的资本流入推高本币汇率、刺激信贷扩张，并推升本地资产价格，看似实现了"繁荣"。然而，繁荣的背后是杠杆和金融脆弱性的大量累积。一旦核心国家货币政策发生变化（例如美联储加息），资本流动方向逆转，汇率贬值、资产价格下跌、新增融资困难将迅速引爆系统性风险，萧条接踵而至。2013年美联储缩减量化宽松所引发的新兴国家"缩减恐慌"便是典型案例。作者特别指出，在危机后的政策协调缺失背景下，新兴市场无法有效应对资本流动的溢出效应。即便手握逆周期监管工具（如外汇干预等），但面对大规模外资流入时，常常显得力不从心。

因此，为避免各国在非常规货币政策上竞相逐底导向"坏的均衡"，有必要制定国家间的"货币政策规则"，约束输出国央行的行为。尽管国际合作的政治可行性未知，但作为金融学者，我们仍可以聚焦技术路径，为规则制定提供原则性框架。拉詹倡议的"红绿灯"评级体系正是这类探索：将政策国际影响分为三类——绿色（几无负面溢出甚至应受全球鼓励）、黄色（须谨慎暂用）、红色（必须规避）。不过，这一分类仅能作为讨论的起点。现实中，大多数政策将落入"黄色"区域，关键任务是推动其向"绿色"区域过渡。

在本书的最后，作者带领我们重新审视货币政策的边界与央行职能的扩展。在全球金融危机期间，央行因成功稳定市场而赢得声誉，却未承受相应问责，而公众的期待却水涨船高。当央行随后持续未能达成其通胀目标时，要求其进一步支持经济复苏的压力日益增强。面对这些压力，央行并不仅仅是谨慎恪守原有职能边界，反而主动拓展自身职能，采取了一系列超出传统框架的措施，尤其是在资产与信贷市场中的直接干预。

然而，这些非常规货币政策并未显著帮助央行实现其核心目标，即通胀稳定。2020 年疫情暴发后，各国推出大规模货币与财政应对措施，财政支出大幅扩张，通胀（而非通缩）再度成为焦点问题。在新的环境下，职能边界的拓展反成作茧自缚，使央行政策空间受限、处境被动。此外，中央银行在追求通胀目标的过程中忽视了金融稳定的重要性。持续的宽松政策推高了杠杆和资产价格，培育了金融不稳定的土壤，加密货币市场的繁荣、房地产价格上涨等现象均未得到央行的有效监管。

作者在结尾部分提出了一系列关键问题，引导读者思考央行未来应当如何定位自身职能与政策工具的边界。例如，央行是否应继续承担价格与金融稳定以外的职能？在金融市场高度依赖央行干预的背景下，其操作边界应如何设定？如何平衡与公众沟通时的透明性与权威性？拉詹提出"少即是多"的观点，认为央行应聚焦核心职能，避免过度扩张角色，从而维护其独立性与信誉。

需要指出的是，量化宽松与量化紧缩（QT）在效果上的不对称性。扩表阶段，央行通过购买长期资产注入流动性，可以迅速推高资产价格、降低风险溢价并缓解信贷约束。然而，缩表或加息时，流动性撤出对金融系统的冲击往往更为剧烈。高杠杆投资者在资产价格下降时被迫抛售，加剧市场波动，这种"紧缩冲击"往往大于扩表收益的正向效应。换言之，市场对货币宽松的适应能力远高于对货币紧缩的适应能力，这种不对称性在新兴市场尤为显著，也是"缩减恐慌"爆发的重要原因之一。

● 对中国的启示：抵押品困局与破局之道

拉詹的理论对中国具有特殊启示。当面对结构性失衡引起的长期经济停滞时，以低利率为核心的总量型货币政策工具效果并不尽如人意。其症结在于，这类政策对不同主体的传导效果具有显著异质性。央行通过货币政策工具（如利率、准备金率和量化宽松）向商业银行注入流动性，而商业银行在向实体经济贷款时，为了控制风险，通常要求抵押品。拥有优质抵押品的大企业与富裕群体能轻松获取信贷，而中小企业与普通家庭却被拒之门外。特别是那些在危机中被迫清算资产的企业和家庭，他们是受损最严重的群体，恰恰难以得到货币政策的有效支持。

2008 年全球金融危机后，中国推出"四万亿"经济刺激计划，包括财政扩张和强制性信贷扩张。我和李蔚、田素华的相关研究发现，在企业间抵押品分布高度不均的背景下，新增信贷更多流向的是抵押品富足的国有企业、地方政府和房地产部门，而更有效率的民营企业由于抵押品约束却得不到足够的融资，影响了它们的创新和发展。这一机制也为 2008 年全球金融危机后中国债务的全面飙升和全要素生产率（TFP）的下降提供了一种解释。类似地，Bleck 和 Liu（2018）的理论也证明，在法治和金融系统不完善的经济体中，信贷扩张往往流向那些资产专用性低（如房地产）、可抵押性强但效率相对较低的企业，容易陷入"短期繁荣、长期停滞"的陷阱。这两项研究均说明，总量性货币政策和金融政策必须关注制度和企业之间的异质性，否则会起到适得其反的作用，加剧资源的错配，影响经济的高质量发展。

进一步而言，货币政策传导的异质性对实体经济有很大的扭曲效应，如资源错配、杠杆周期以及收入差距扩大等。如前所述，央行进行大规模信贷扩张时，效率较低但抵押品充足的企业和家庭面临较宽松的信贷约束，而高效率但缺乏抵押品的主体却陷入融资困境，此即"资源错配"。在中国，国有企业和民营企业间的信贷资源错配便是典型的例子。一些效率相对低的国有企业因政府隐性担保而面临较松的信贷约束，而高效率的民营企业却面临严重的融资困境，在投资与创新等方面处处受限。不仅如此，在动态层面，受信贷约束的主体在产品市场价格竞争中也处于劣势，难以在市场上立足；而低效率、抵押品充足的主体则凭借融资优势占据更多市场份额，加剧市场集中度与垄断倾向。

政策传导的异质性会进一步扩大群体间的收入差距。抵押品短缺的主体更难获得信贷资源，在创新投入、生产能力以及市场议价力方面均受限制，收入增长乏力。这也是中国城乡收入差距的重要制度性成因之一。受制于产权不完整、流转受限等制度性因素，农村宅基地难以作为抵押品进入信贷体系，导致农村主体在信贷创造上受到严重制约。这种信贷资源的错配，使他们在经济活动中长期处于结构性劣势。杠杆周期进一步放大了收入不平等。经济上行期，资产负债表脆弱的低收入群体更倾向于利用高杠杆投资泡沫资产；而当泡沫破裂时，其财富会以杠杆倍数迅速蒸发。反之，高收入群体凭借多元化的资产组合和更强的抗风险能力，往往能在价格低点进行抄底，从而进一步扩大财富鸿沟。

政策传导异质性除了在横截面上呈现出资源错配外，从时间序列维度看，其还会拉长杠杆周期，加剧宏观经济波动。在流动性宽松时期，投资者风险承担意愿上升，倾向于高杠杆购入可抵押资产，推高资产价格使其偏离基本面，从而累积金融系统的脆弱性。一旦出现冲击抵押品价值的"可怕坏消息"，资产泡沫破裂，高杠杆的乐观投资者被迫抛售资产，进一步压低价格，形成自我强化的下行螺旋（Geanakoplos，2010）。正如危机前后的美国经济所显示的：当房价持续上涨时，房主倾向于增加抵押贷款以提取房屋增值部分；而随着房地产市场的突然崩盘，高房价增长地区的违约率激增，低信用/高负债房主的受损尤为严重（Mian and Sufi，2015）。当前，中国经济同样高度依赖土地和房地产等抵押品。因此，在信贷扩张阶段，资金往往集中流入房地产市场，不仅挤出实体经济投资，还助长房地产泡沫。房地产已成为中国经济的"灰犀牛"：一旦泡沫破灭，金融系统的脆弱性将可能被迅速引爆，高杠杆企业与家庭被迫清算，推动房价进一步下跌并加剧经济下行风险。

如何破局？拉詹对美国的观察为我们提供了重要启示（Benmelech et al., 2024）。20 世纪初，美国金融系统高度依赖土地等外部抵押品（outside collateral）；而从 20 世纪 80 年代起，美国只有不到 20% 的债权融资用土地作抵押，大部分都是使用未来现金流为抵押，即内部抵押品（inside collateral）。外部抵押品供给天然受限、缺乏弹性，不仅容易加剧资源错配、放大杠杆周期，而且会加剧地区和群体间的不平等。因此，中国亟须激活基于未来现金流的内在抵押品模式，源源不断地创造出新的抵押品，成功打通现在和未来，实现中国经济的高质量发展。

中国破解上述困境的关键，在于通过系统性制度建设激活和创造更多内部抵押品。赫尔南多·德·索托在《资本的秘密》中指出，拉美国家陷入发展陷阱的深层原因，在于其法律体系不健全导致大量资产（如土地）无法转化为有效抵押品。良好的法治和健全的产权制度能够降低金融合约的执行成本，在一定程度上缓解金融市场中的合约不完备，使得更多类型的资产得以用作抵押品。此外，在数字技术突飞猛进的今天，数字资产（如交易流水、应收账款和订单数据等）作为新兴抵押品，其价值日益凸显。建设非银行支付、网络借贷、互联网银行等多元化金融科技生态体系，也有助于激活潜在的数字抵押品。

在宏观政策方面，结构型货币政策通过定向流动性注入（如扩大合格抵押品范围），能够直接缓解特定部门的抵押品约束，精准支持经济薄弱环节。2014 年来，随着基于外汇占款的货币发行模式重要性下降，央行也在结构性货币政策工具方面进行了诸多探索，例如将绿色、小微和"三农"债券纳入中期借贷便利（MLF）合格抵押品的范围。我和方汉明、吴娴的相关研究表明，此举显著压缩了目标债券的一级市场利差，有效降低了相关企业的融资成本，为目标部门的企业提供了精准金融支持。

当今世界正处于百年未有之大变局。中国经济破浪前行，不仅需要经济总量的提升，更需夯实法治彰显、产权明晰、规则透明的制度基石，充分激活内在抵押品，发挥蕴藏于亿万市场主体的内生动力。在此背景下，货币政策的设计与实施，肩负着前所未有的战略使命：亟须精进"结构性"操作艺术，精准引导金融资源流向，切实降低实体经济成本，为高质量发展注入源源不断的动能，实现中华民族的伟大复兴。

王永钦

2025 年 8 月 20 日于上海

参考文献

赫尔南多·德·索托：《资本的秘密》，华夏出版社 2007 年版。

王永钦：《法治、金融与经济发展》，《比较》2023 年第 1 辑。

Acharya, V. V. and R. Rajan, 2024, "Liquidity, Liquidity Everywhere, Not a Drop to Use: Why Flooding Banks with Central Bank Reserves May Not Expand Liquidity", *The Journal of Finance,* 79(5), 2943–2991.

Benmelech, E., N. Kumar and R. Rajan, 2024, "The Decline of Secured Debt", *The Journal of Finance,* 79(1), 35–93.

Bleck, A. and X. Liu, 2018, "Credit Expansion and Credit Misallocation", *Journal of Monetary Economics*, 94, 27–40.

Fang, H., Y. Wang and X. Wu, 2025, "Collateral-Based Monetary Policy: Evidence from China", *International Economic Review*, accepted.

Geanakoplos, J., 2010, "The Leverage Cycle", *NBER Macroeconomics Annual*, 24(1), 1–66.

Li, W., S. Tian and Y. Wang, 2022, "Collateral Constraint and China's Credit Boom in the Global Financial Crisis: Loan-Level Anatomy", available at SSRN 4191975.

Mian, A. and A. Sufi, 2015, *House of Debt: How They (and You) Caused the Great Recession, and How We Can Prevent It from Happening Again*, University of Chicago Press.

目录

导言：货币政策及其意外后果

卡尔·布鲁纳（Karl Brunner）不仅是一位伟大的货币经济学家，还是一位杰出的制度建设者。他创建了影子公开市场委员会（Shadow Open Market Committee）、《货币、信贷与银行杂志》（*Journal of Money, Credit and Banking*）以及《货币经济学杂志》（*Journal of Monetary Economics*）等著名机构。他也是中央银行实践的评论家。因此，当瑞士国家银行邀请我在 2019 年的卡尔·布鲁纳讲座上发表演讲时，我知道自己想谈论什么：货币政策的意外后果，尤其是最近的非传统货币政策。

对银行业和流动性的研究兴趣一直吸引着我去关注金融不稳定问题，但在 2005 年 8 月，我开始对现实世界的后果感到非常担忧。当时，我在杰克逊霍尔央行年会上发表演讲。这次会议很特别，因为这是艾伦·格林斯潘（Alan Greenspan）作为美联储主席的最后一次会议。我试图融入庆功氛围中，但我做不到，因为我为金融系统中正在积累的尾部风险感到担忧；特别是在低利率环境下，令私人参与者承担风险的反常的激励机制。[①] 当这些风险在全球金融危机期间显现出来时，我并没有感到安慰。

但随着中央银行采取更加宽松甚至非传统的货币政策来复苏被危机摧毁的经济，我担心我们忽视了危机的一个主要原因——中央银行自身的作用。事实上，既然私人参与者和市场已经被证明是有欠缺的，那么中央银行可以做或应该做什么似乎就没有限制了。它们愉快地干预各个市场、支撑价格，有时还支持市场参与者。它们偶尔会将货币政策行动与市场动向和情绪挂钩。它们专注于国内通胀和实际活动，而对于其行动对系统性杠杆、金融不稳定性和对其他国家的溢出效应的后果却不够重视。

有点反常的是，中央银行做得越多，人们期望它们做的就越多，最终它们所做的也就越多。尽管美联储此前采取了各

---

① 参见 Rajan（2006）。

种干预措施，但当 2020 年新冠疫情来袭时，金融市场依然脆弱不堪。美联储不仅拿出了为全球金融危机（讽刺的是，这在当时被称为"百年一遇的事件"）准备的工具箱，还增加了新的措施。如今，部分由于其对新冠疫情采取了非常规的财政对策，通货膨胀开始抬头。央行们现在必须在不习惯高政策利率的经济体中对抗通胀，而且市场几乎不相信央行会提高利率。

目前还不清楚这一切将如何收场。就在我写这篇导言的时候，美国有两家中型银行倒闭了，所有存款人都得到了政府的隐性保险，美联储同意按面值接受符合条件的证券作为抵押品；欧洲有一家大型银行在政府的担保下被强制合并。不论我们如何应对，本书的中心论点都是，货币冒险主义几乎不会是我们想象中的"灵丹妙药"，反而往往会产生意想不到的结果。因此，本书呼吁中央银行家们回归保守和本分，不要以为自己掌握了所有经济问题的答案。我认为卡尔·布鲁纳也会赞同这一呼吁。

本书的第 1 章源自我在 2013 年 6 月于国际清算银行（BIS）主办的首届安德鲁·克罗克特纪念讲座（Andrew Crockett Memorial Lecture）上发表的演讲，几个月后我接任了印度储备银行行长。本书对演讲内容进行了简单的编辑。2013 年

5月，时任美联储主席伯南克（Bernanke）宣布可能缩减量化宽松政策。该公告引发了新兴市场的快速资本外流。印度是当时正在经历"缩减恐慌"的国家之一，当时我在印度财政部帮助协调应对措施。在安德鲁·克罗克特讲座中，我探讨了全球金融危机后采取非常规货币政策的一些原因。我担心潜在的问题更多是结构性的而非周期性的，超出了货币政策能解决的范围——这也就是拉里·萨默斯（Larry Summers）后来所说的"长期停滞"。尽管如此，中央银行家们还是冒险前进。后果是，全球新兴市场收获了不利的跨境溢出效应。

在第 2 章中，我对我在国际货币基金组织（IMF）主办的 2018 年蒙代尔·弗莱明（Mundell Fleming）讲座上发表的演讲进行了大量编辑。我在这一章中简述了一个描述货币政策溢出如何在资本输入国引发杠杆化、繁荣并最终导致萧条的模型。该模型主要是一个公司融资模型，进行了一些改写以引入资本流动和汇率变动的作用。

我们已经认识到核心国家的货币政策会影响外围国家，而且影响的方式往往不是外围国家所能选择或能从中受益的。于是，我在第 3 章中提出了一个问题：如何开始思考需要哪些规则来约束核心国家的货币政策——以及需要进行哪些研究和辩论以达成关于这些规则的共识。这是一篇与国际货币基金组织的普拉奇·米什拉（Prachi Mishra）合著的论文的编辑版，我们在全球各地的组织中长期合作。在全球摩擦日益加剧的时代，提出全球规则可能显得有些天真。然而，正是在人们对其他国家的动机充满怀疑的时候，开始讨论新的货币游戏规则或许才是有意义的——毕竟，嵌入在二战后全球秩序中的规则对于消除国家间的不信任至关重要，这种不信任是由世界大战和战前各国奉行的"以邻为壑"（beggar-thy-neighbor）经济战略引发的。

第 4 章是我在 2021 年卡托研究所年度货币会议（Cato Institute's Annual Monetary Conference）上发表的演讲的简略编辑版。时隔近十年，我又回到了第 1 章讨论的问题。也许是我固执己见，也许是我站在了天使的那一边。无论如何，我仍然认为，如同大多数行动一样，我们最好适度地实施货币政策，并对政策的意外后果保持谦逊。

在本书的最后，我根据最近的事态发展进行了更新，重申了一个中央银行的重点任务——在关注金融稳定的同时对抗高通胀。

在思想上，我从国际清算银行的克劳迪奥·博里奥

（Claudio Borio）和申铉松（Hyun Song Shin），以及他们以前的同事，包括安德鲁·克罗克特和比尔·怀特（Bill White）的工作中受益匪浅。伦敦商学院的海伦·雷（Helene Rey）也和我一样担心金融周期的后果，我从她的工作中学到了很多。①

一本书的写作有很多贡献者。我要感谢维拉尔·阿查里亚（Viral Acharya）、道格拉斯·戴蒙德（Douglas Diamond）、胡赟之（Yunzhi Hu）和普拉奇·米什拉，他们是我的长期合作者，他们的部分工作构成了这些章节的基础。我的妻子拉迪卡·普里（Radhika Puri）阅读并评论了我写的所有内容，帮助我保持论点的通俗易懂。这是我永远感激她的众多方面之一。我还要感谢瑞士国家银行行长托马斯·乔丹（Thomas Jordan）邀请我参加2019年卡尔·布鲁纳讲座，感谢尼古拉斯·库赫-库尔蒂（Nicolas Cuche-Curti）和卢卡斯·沃尔米（Lukas Voellmy）帮助我整理书籍并阅读草稿。最后，我要感谢我的编辑、麻省理工学院出版社的劳拉·基勒（Laura Keeler）。

---

① 她在安德鲁·克罗克特讲座上的演讲是对其工作的一个很好的介绍，见 Rey（2017）。

第1章

黑暗中的一步：危机后的非常规货币政策

在本章中，我基于 2013 年 6 月在国际清算银行发表的首届安德鲁·克罗克特纪念讲座的内容进行了简单编辑和更新，阐述了我对工业化国家在全球金融危机之后采取的货币政策路径的担忧。本质上，我认为工业化国家试图用错误的工具解决其国内发展不平等的问题。随着技术变革削弱了一些部门、地区和职业的经济效益，正确的方法应该是进行结构性改革，以提升落后群体和社区的地位，使其有机会充分参与不断变化的经济。相反，这些国家把重点放在刺激上，并主要通过货币手段进行。我担心，这样做的结果是，货币政策越来越激进，可能带来严重的意外后果。尤其是，当经济已经依赖于宽松的货币政策时，如何退出这些政策成了一个问题。

安德鲁·克罗克特爵士在 1994 年至 2003 年间担任国际清算银行的总经理。在 2001 年发表的一次题为"货币政策与金融稳定"的演讲中，他提出[①]：

> 自由化的金融体系与货币规则完全基于通货膨胀的法定标准相结合，并不足以确保金融稳定。这并不是否认通货膨胀往往是金融不稳定的一个来源。它确实是……然而，反过来并不一定成立。有许多例子表明，价格稳定性的恢复为过度乐观主义提供了肥沃的土壤。

他接着说：

> 如果没有通货膨胀本身不足以确保金融稳定……我们可以依靠什么来遏制金融失衡的积累呢？答案当然

---

① 参见 Crockett（2001）。

是审慎监管。然而，审慎监管的工具本身基于的便是对风险的评估，而这些评估并不独立于信贷和资产价格周期。如果审慎监管依赖于对抵押品、资本充足性等的评估，此时如果资产估值存在扭曲，那么遏制金融失衡积累的屏障将被削弱。

在这几段话中，安德鲁·克罗克特总结了许多人经过整个全球金融危机和多年的研究才学到的东西。借助他的视角，我想讨论一下中央银行的新工具，即"非常规货币政策"。大部分时间里，我将探索我们所未知的边界，提出问题而不是提供答案。但让我们先从头开始，探讨近期美国和欧洲的金融危机与主权债务危机的更深层次原因。就其本质而言，这种讨论必然是推测性的。

● 危机的根源

关于危机的来源和应对措施，出现了两种相互矛盾的说法。第一种也是更为人知的说法是，由于危机前过高的债务积累，需求已经崩溃。那些支出倾向最高的家庭（和国家）

尤法再举债。为了恢复增长，必须鼓励其他家庭（和国家）消费——经常账户盈余的国家应减少盈余，仍有借贷能力的政府应扩大赤字，并且应该通过最低的利率劝阻节俭的家庭储蓄。在这种情况下，不计后果的预算是一种美德，至少在短期内是这样。从中期来看，一旦增长恢复，债务可以得到偿还，金融部门也会受到抑制，因而不会给世界带来另一场危机。

但还有另一种说法。那就是，工业化国家的基本增长能力几十年来一直在下降，这一下降暂时被债务驱动的需求所掩盖。更多的此类需求，或者要求新兴市场国家进行无节制的支出，并不能让我们回到可持续的增长路径上。相反，工业化民主国家需要改善增长环境。

第一种说法是标准的凯恩斯主义观点，针对债务危机进行了修改。大多数政府官员和中央银行家们，以及华尔街的经济学家们，都认同这一观点，不需要详细解释。第二种说法，在我看来，对困扰我们时代的弊病提供了一种更深刻且更有说服力的看法。让我来具体阐述一下。①

---

① 这部分概述对我在 Rajan（2012）中发表的一篇文章进行了更新。

20 世纪五六十年代是西方和日本强劲增长的时期。许多因素，包括战后重建，20 世纪 30 年代贸易保护主义后的贸易复苏，新技术在各国电力、运输和通信领域的推广以及教育水平的提高，都有助于工业化国家的增长。但正如泰勒·考恩（Tyler Cowen）在他的书《大停滞》（The Great Stagnation）中所指出的那样，当这些"低垂的果实"被采摘完毕后，从 20 世纪 70 年代起，推动增长变得更加困难。[①]

与此同时，正如沃尔夫冈·施特雷克（Wolfgang Streeck）于 2011 年发表在《新左派评论》（New Left Review）上的一篇文章中有力论证的那样，当 20 世纪 60 年代似乎有无尽的创新和增长前景时，民主政府迅速以扩大福利国家的形式将未来增长的果实承诺给公民。[②] 随着经济增长的停滞，这意味着，即使政府的资源在减少，其支出仍在增加。有一段时间，中央银行为了适应这种支出而进行了调整。由此导致的高通胀引发了广泛的不满，尤其是因为这几乎没有带来增长。尽管高通胀确实降低了公共债务水平，但人们对凯恩斯

---

① 参见 Cowen（2011）。
② 参见 Streeck（2011）。

主义刺激政策的信心却减弱了。

各国央行开始将低且稳定的通胀作为其主要目标，并逐渐变得更加独立于其政治上级。然而，政府的赤字支出仍在快速增长，工业化国家的公共债务占国内生产总值（GDP）的比重从 20 世纪 70 年代末开始稳步攀升，而这一次却没有意外的高通胀来降低其实际价值。

认识到需要找到新的增长点，美国在吉米·卡特（Jimmy Carter）任期末期和罗纳德·里根（Ronald Reagan）任期内开始放松对工业和金融部门的管制，玛格丽特·撒切尔（Margaret Thatcher）领导下的英国也是如此。竞争和创新在这些国家大幅增加。自由贸易和新技术的采用增加了对从事咨询等非常规工作的高技能、高才能和高学历工人的需求，也提高了他们的收入。而由低技能或中等学历工人所从事的更例行的、曾一度收入不菲的工作则被自动化或外包。因此，收入不平等的出现并非主要由于政策倾向于富人，而是因为自由化的经济倾向于那些有能力利用它的人。发达国家中的一些社区，特别是那些依赖于几个倒闭了的大型制造业雇主的社区，发现自己无法参与新的增长。

对于落伍者的焦虑，短视的政治回应是放松他们的信贷获取。几乎不受监管和监督的约束，有时出于私人激励机制在这个最优世界中最有效的信念，并在极低的政策利率的帮助和怂恿下，金融系统过度依赖于向中低收入借款人提供高风险住房抵押贷款和房屋净值贷款。

欧洲大陆没有采取太多放松管制的措施，而是希望通过更大的经济一体化来实现增长。但保护工人和企业的代价是增长放缓和失业率上升。尽管不平等程度没有像美国那样加剧，但在欧元区外围国家，那些被排除在保护体系之外的年轻人和失业者的就业前景相当糟糕。

欧元的诞生似乎是一个福音，因为它降低了借贷成本，使各国能够通过债务融资的支出来创造就业机会。不幸的是，支出推高了工资，特别但不仅限于在政府和建筑业等非贸易部门。在生产率没有相应提高的情况下，高支出国家变得越来越没有竞争力，负债累累，开始出现巨大的贸易逆差。

当然，在当时看来，像西班牙这样公共债务和赤字较低的国家并没有过度支出。但正如安德鲁·克罗克特所预见的那样，经济繁荣掩盖了贷款问题和财政问题。由于经济活动和税收的增加，西班牙的政府收入较高，因此支出看起来是适度的。然而，如果根据经济周期所处的阶段对支出进行调整，其支出实际上是过度的。[①]

德国是这一模式的重要例外，它甚至在加入欧元区之前便已经习惯于低借贷成本。由于两德统一，德国不得不应对历史性的高失业率。在使用欧元的初期，德国别无选择，只能降低工人保护、限制工资增长和减少养老金，以试图增加就业。德国的劳动力成本相对于欧元区其他国家下降，其出口和 GDP 增长率出现爆炸式增长。德国的出口，至少部分地，被欧元区外围国家的支出所吸收。

最终，从 2007 年开始的全球金融危机结束了债务驱动的支出，无论这些支出是来自国家政府（如希腊）、地方政府（如西班牙）、建筑部门（如爱尔兰和西班牙），还是来自金融部门（如爱尔兰）。美国和欧洲陷入衰退，部分原因是债务驱动的需求消失了，但也因为这对其他的需求来源产生了收缩性乘数效应。

● **支持非常规货币政策的理由**

危机的影响是毁灭性的。整个市场崩溃，存款人对即

---

① 参见 Hauptmeier，Sanchez-Fuentes and Schuknecht（2011）。

使是最稳健的银行也失去信心，随着时间的推移，他们开始对弱势主权国家的债务失去信心。对于金融经济学家来说，也许金融部门问题之深的最生动体现是，抛补利率平价（covered interest rate parity）等标准的套利关系开始失效。[①] 的确有无风险的钱可赚——前提是你能借到钱！但几乎没有人能借到。实体经济同样遭受重创。正如经济学家巴里·艾肯格林（Barry Eichengreen）指出的那样，一段时间内，经济活动的下滑与大萧条初期的发展趋势相符。

各国央行阻止了第二次大萧条的爆发。事后诸葛亮——现在看来，央行当时应该做什么似乎是显而易见的，但在许多方面，央行是在"摸着石头过河"。对世界来说，幸运的是，他们采取的大部分措施是完全正确的。他们通过创新型项目，如美国的"问题资产救助计划"（Troubled Assets Relief Program，TARP）或欧元区的"长期再融资操作"（Long-Term Refinancing Operations，LTRO），缓解了流动性危机。通过贷出长期贷款而不对收到的抵押品提出过多质疑，通过购买超出常规限制的资产，以及通过专注于修复市

---

① 参见 Krishnamurthy（2010）。

场，他们为世界金融系统重新注入了流动性，否则根据当时的市场资产价格，该系统将资不抵债。在这一点上，中央银行家们当属这个世界上为数不多的英雄。

如果说中央银行家们在救助行动中有什么过错，那么可能是他们所实现的修复对一些人来说太一言难尽了。在流动性不足的条件下，金融系统获得了巨额的财政补贴——如果央行的干预措施（如担保和购买等）没有奏效，纳税人将遭受巨大的损失。但以修复金融系统为条件，这些补贴似乎并不多。因此，当救助者希望被救助的银行家（以及被救助的国家）改变其行为时，他们感到有些愤愤不平也就不足为奇了。相反，公众看到银行家们又重获了大量红利，而银行家们的态度则暗示，这种救助是赋予被救助者的一次极好的投资机会。这使得银行家们在全球金融危机之后的社会地位不幸介于皮条客和骗子之间——芝加哥大学布斯商学院的MBA项目中选择银行家职业的学生人数急剧下降就反映了这一点。我之所以说"不幸"，是因为这世界比以往任何时候都更需要优秀的银行业来促进增长。

不管怎么说，救助的第二阶段是通过超低利率刺激增长。而在这一点上，中央银行远没有那么成功。让我们试着理解一下原因。

● 凯恩斯主义解释及其替代观点

根据最有影响力的凯恩斯主义观点，持续高失业率和复苏缓慢的根本原因是实际利率过高。逻辑很简单。[①]2008年金融危机爆发前，消费者以不断上涨的房价为抵押大量借贷，推动了美国的需求。危机爆发后，这些债台高筑的家庭无法再借贷和消费了。

一个重要的总需求来源蒸发了。由于负债累累的消费者停止购买，实际（经通胀调整后）利率本应下降，以鼓励迄今为止节俭的无债务家庭消费。但实际利率下降得还不够，因为名义利率不能降到零以下——所谓的零下限成为经济增长的制约因素。[②]

凯恩斯主义解释表明，在危机后杠杆过高的世界中，实现充分就业的均衡实际利率——所谓的中性利率应该明显为

[①]　例如参见 Eggertsson and Krugman（2012）。

[②]　如果利率降到零以下，每个人都会持有现金而不是负利率的存款。因为持有大量现金有成本（至少是不安全的），一些中央银行已经将名义利率降至略低于零，但这有一个限度。

负。这也是中央银行采取创新政策以试图实现超低实际利率的理由。"低利率似乎并没有迅速提高增长率"这个事实使中央银行家们实施了更具创新性的货币政策。

但是，如果在危机后的世界中，在超过某个点之后，低利率就无法增强需求了呢？虽然在信贷容易获得的情况下，低利率可能会鼓励消费，但在如今，企业或传统储户是否会出去消费并不确定。想象一下即将退休的办公室职员。她存钱是为了有足够的资金退休。自 2007 年以来，储蓄的回报率很低，持续的低利率预期可能会让她存更多的钱。的确，在凯恩斯主义者提出的那类简单模型中，如果存在一些储户，他们遭受了储蓄损失并有退休后的储蓄目标，这意味着低实际利率可能是收缩性的——储户在利率下降时会存更多的钱，以满足他们认为退休时需要的储蓄。①

这里不是想论证超低利率会产生净逆向效应，问题的关键在于，危机可能会对总需求产生抵消效应（通过重新调整

---

① 我通过引入"临近退休阶段"储蓄行为对 Eggertsson 和 Krugman（2012）的模型进行调整，得出这个结果。当利率在整个期限结构上下降时，资产价格的上涨是否能补偿储户？如果他们倾向于风险规避并且更喜欢定期存款和银行存款等安全资产，而这些资产的价格上涨相对于收入很小，答案可能是不能。

储蓄计划），因此很难根据理论来论证明显为负的实际利率是恢复需求的"良药"。长期的明显为负的实际利率可能对需求增长的贡献有限。

此外，认为恢复不加细分的（undifferentiated）总需求是正确解决方案的观点还有两个问题。首先，在债务驱动的繁荣之后，需求不足会集中在特定的社会阶层、特定的地区和特定的生产部门。其次，在债务危机爆发的前几年，借贷不仅扭曲了需求，还扭曲了供给。

为了说明这一点，让我们先专注于家庭借贷。在危机之前，当借贷变得容易时，增加消费的并不是富裕阶层，因为他们的支出不受收入限制，而是那些年轻的低收入家庭，他们的需求和梦想远远超过了他们的收入。[①] 他们的需求可能与富裕阶层不同。

此外，最容易购买的商品是那些最容易作为抵押品的商品——房屋和汽车，而不是易耗品。而且，某些地区的房价不断上涨，使得人们更容易借到更多的钱来满足尿布和婴儿食物等其他日常需求。

---

① 例如参见 Bertrand and Morse（2016）。

问题在于，债务驱动的需求因地区、家庭和商品而异。虽然它催化了更普遍的需求——在繁荣时期工作时间更长的年长水管工在他的邮票收藏上支出更多，但认为债务驱动的需求集中到特定地区、家庭和商品上是有道理的。因此，随着贷款枯竭，借款家庭无法再消费，特定商品的需求发生了不成比例的变化，尤其是在先前繁荣的地区。

当然，这种影响波及整个经济——随着对汽车的需求下降，对钢铁的需求也下降，于是钢铁工人被解雇。但正如我的同事阿米尔·苏菲（Amir Sufi）和他的合作者阿提夫·米安（Atif Mian）所指出的，失业、家庭过度负债和随之而来的需求下降都集中在房价上涨特别快的特定地区。[①] 拉斯维加斯的发型师失业了，因为那里的家庭由于房市萧条而负债累累，不再花大价钱去设计发型。即使超低实际利率迫使年长的无债务储户消费更多，在拉斯维加斯这样的地方也不太可能有足够多的这类人，他们亦不太可能想要年轻购房者喜爱的发型。而如果这些无债务储户在纽约市，那里没有经历过大规模的繁荣和萧条，那么降低实际利率会鼓励纽约市的理发消

① 参见 Mian and Sufi（2015）。

费——那里早就有很多需求，而非需求太少的拉斯维加斯。[①]

　　类似地，可以说，即使是健康的企业在经济萧条时期也不会投资，这不是因为它们面临的资本成本较高，而是因为它们不确定需求会在何时何地以何种方式重新出现。总之，在债务驱动的繁荣之后，当萧条到来，留下的是一个供应过多错误类型商品或服务的经济体，无法与已经变化的需求相匹配。在正常的周期性衰退中，需求会全面下降，经济复苏只需重新雇用下岗的工人，让他们重操旧业；与之不同的是，信贷泡沫破裂后的经济复苏则通常需要工人跨行业和跨地区流动，因为过去以债务驱动的需求在行业和地域上都不尽相同，无法迅速恢复。[②]

　　因此，债务驱动需求的观点，以及凯恩斯主义关于去杠杆化（受到冲击的借款人增加储蓄）或债务积压（负债累累的借款人消费乏力）是危机后增长缓慢的原因的解释之间，有一个微妙但重要的区别。两种观点都认为，总需求疲软的

---

① 实际上，随着借贷渠道的变化，可表达的需求模式也发生了变化，在不引发通胀的情况下，经济增长的速度可能也会下降。由于建筑工人过多而珠宝商过少，更多的需求可能使得珠宝价格上涨而不是产出增加。

② 一个相关的视角参见 King（2013）。

主要原因是前期借款人需求的消失。但是，它们在解决方案上存在着分歧。

凯恩斯主义者希望刺激总需求。他们认为所有的需求都是等同的。但如果我们认为债务驱动的需求是不同的，那么超低利率所刺激的需求充其量只是治标不治本。当借款人偿还债务无望时，无论出于人道主义还是经济上的考虑，都有理由减免他们的债务。[1] 减免前期借款人的债务甚至可能有效地恢复原有的需求模式。但是，依赖以前的债务人借贷和消费以恢复原有的经济模式，是不负责任的。而不同的新借款人可能想要把钱花费在不同的地方，因此推动新一轮的信贷繁荣可能是恢复全面就业的无效（且不可持续的）方式。[2]

如果恢复繁荣时期出现的细分化需求是困难的或不负责任的，那么可持续的解决方案是允许供给侧调整，以适应更常态和可持续的需求来源。一些调整是时间问题，因为个人要适应环境的变化。而另一些则需要相对价格调整和结构性改革，以实现可持续增长——例如，允许工资调整，为银行家、建筑工

---

[1]　经济学上的考虑是指关于债务积压的经典论点［参见 Myers（1977）的理论和 Kroszner（2003）关于美国在 20 世纪 30 年代废除债务契约中的"黄金条款"的证据］。

[2]　非常有针对性的财政支出，例如在受影响地区延长失业保险，可能也会奏效，尽管它们有其他副作用。

人和汽车工人提供再培训机会，以便他们能够进入增长更快的行业。但是，相对价格调整和结构性改革需要时间才能见效。

　　与此同时，我们已经有了大量的刺激措施。曾助长繁荣的政治压力也要求在萧条时期采取紧急措施。那些依赖借贷加速增长的工业化国家通常希望更快取得成效。在财政刺激空间有限的情况下，货币政策成为恢复增长的首选工具。凯恩斯主义的论点——均衡或中性实际利率极低——成为越来越多货币创新的正当理由。

● 以超低利率为核心的非常规货币政策

　　我已经论证了，修复市场和机构的非常规央行政策是有效的。即使是欧洲央行"不惜一切代价"通过直接货币交易（Outright Monetary Transaction，OMT）计划支持主权债务的承诺，也为主权国家赢得了实施改革的时间，尽管这种隐性担保是否具有准财政性质这个问题值得商榷。[1] 我们前面

---

① OMT 是欧洲央行的一项计划，根据该计划，欧洲央行会于特定条件下在二级主权债券市场购买（"直接交易"）由欧元区成员国发行的债券。

说过，正是央行愿意在其干预无效的情况下承受重大损失，它才能将市场推向一个新的交易均衡，而在这一均衡下它不会遭受损失。许多注入流动性的干预措施都有隐性的财政因素，OMT 也不例外。

让我们现在转向旨在实现超低实际利率的非常规货币政策。[①] 如前所述，充分就业均衡实际利率应该显著为负的观点是有问题的。一旦这一点受到质疑，通过降低利率来将经济恢复到充分就业的整个方案也就值得怀疑了。但是，我现在想重点讨论零下限问题。然后，我们再来看看低利率是否正在传导到经济活动中。

哪种利率是影响经济活动的关键？显然，长期利率对股票和债券等资产价格的折现以及长期固定资产投资很重要，而短期利率则会影响从事期限转换的机构的资本成本。利率渠道（中央银行通过利率影响消费、储蓄和投资决策）、资产价格渠道（中央银行旨在通过利率改变资产价格，从而改变家庭财富和风险承受能力）、信贷渠道（中央银行影响企业和银行资产负债表的估值，从而改变信贷量）和汇率渠道

---

① 在这一部分中，我参考了 Bernanke、Reinhart 和 Sack（2004）、Borio 和 Disyatat（2009），以及 Woodford（2012）的研究。

（中央银行影响汇率）可能都通过短期利率和长期利率的组合发挥作用，且不同的渠道强调利率结构的不同部分。[①]

中央银行直接控制政策利率，从而控制短期名义利率。零下限问题源于它无法将短期名义政策利率压低到零以下。只有在中央银行能够推高通胀预期的情况下，才能进一步降低短期实际利率。

即使政策利率为零，长期名义利率通常也高于零，因此中央银行可以尝试直接压低长期名义利率。当然，一个直接的问题是，当均衡长期利率较低时，为什么长期名义利率会保持在零以上？一个可能的答案是，存在利用高于均衡预期的短期利率进行滚动投资的套利行为，这使得长期利率高于其应有水平。

因此，压低长期名义利率的两种策略出现了：第一，承诺在很长一段时间内将短期利率维持在零（超过了应该正常化的时点）。这就是美联储所谓的前瞻性指引。第二，购买长期债券，从而为公众持有的剩余债券创造更多需求，从

---

① 但也有证据表明，试图影响这两种利率中的任何一种都会引发反应；公司试图在政府已经退出的"更便宜"的收益率曲线部分上借款。参见 Stein, Greenwood and Hanson（2010）。

而压低长期利率。美联储旨在通过大规模资产购买（large-scale asset purchase，LSAP）计划将长期债券从私人投资组合中剥离出来，希望随着其投资组合的再平衡，长期债券（和其他资产）的价格会升高，收益率会下降。[①] 日本银行希望通过提高通胀预期来补充这些策略，这不是美联储的明确目标。[②] 两家央行都没有将汇率贬值作为核心目标，尽管它们没有排除货币政策的这种副作用。

人们不禁要问：这些政策在理论上是否有效？前瞻性指引依赖于中央银行愿意在未来很长时间内将政策利率保持在低于适当水平——例如，泰勒规则建议的水平。[③] 因此，它隐含着一种容忍未来较高通胀水平的意愿。但是，是什么保障了这种承诺？央行行长们是否会因违背先前公开的明确承诺（例如，在失业率高于6.5%、通胀率低于2.5%、长期通胀预期良好的情况下，将政策利率保持在零）而感到压力？

[①] 另一种解释投资组合平衡论点的方法是，通过从固定收益投资者的投资组合中取出高风险的长期债券，他们的未满足风险偏好增加了，所有风险资产的价格，包括剩余的长期债券，都将会升值。

[②] 美联储在危机初期担心通缩，但由于通胀预期稳固，这已经不再是一个问题。

[③] 有人可能会问这与普通货币政策有何不同。前瞻性指引可能意味着对低利率的承诺比通常的政策声明更长期。当然，在过去的十年中，非常规已经变成了常规。

或者说，当时机成熟时，他们是否会以长期预期已经不再那么容易锚定为由而搪塞过去？

一些人认为，LSAP本身就是承诺。中央银行可能会担心过早加息会使其持有的债券贬值。然而，同样也可以说，中央银行可能担心如果按兵不动的时间过长，通胀预期的上升会反过来使其持有的债券贬值。

很可能的是，LSAP实际上是用于前瞻性指引的一种信号传递工具——中央银行实际上是在告诉市场，只要LSAP在进行中，它就不会提高利率。因此，利率正常化只会在资产购买计划经过充分预告且足够漫长的退出过程后才会实现。[①]

然后，我们来看资产购买计划本身。如果市场没有分割，一种类似于莫迪利安尼-米勒定理（Modigliani-Miller theorem）或李嘉图等价的理论表明，美联储不能通过购买债券来改变利率。本质上，代表性主体会看到美联储的购买行为。由于经济必须持有的总投资组合不变，定价也不会改变。或者说，家庭的行为将抵消美联储的行为。[②] 要使LSAP起作用，市场必须是分割的，一些主体不能参与某些市场。或者，市

---

① 例如参见 Krishnamurthy and Vissing-Jorgensen（2011）。
② 参见 Diamond and Rajan（2012）；Woodford（2012）。

场不能内化美联储的投资组合。与前瞻性指引一样，这种对 LSAP 有效性的争论使其成为一个实证问题。

大部分关于资产购买计划有效性的证据来自美联储的第一次 LSAP，即在危机期间购买政府支持机构证券和抵押贷款支持证券。美联储的购买恢复了这些市场的一些信心（包括通过传达政府支持机构债务的信号），这对收益率产生了显著影响。事件研究表明，随后几轮 LSAP 对收益率的影响要小得多。[①]

无论美联储的购买在进入时的效果如何，2013 年 5 月

---

① 参见 Krishnamurthy and Vissing-Jorgensen（2011）。

我们评估了美联储购买长期国债和其他长期债券（2008—2009 年的第一轮量化宽松和 2010—2011 年的第二轮量化宽松）的行为对利率的影响。基于日度数据和日内数据，我们通过事件研究法发现，长期安全资产（美国国债、机构债券和高评级公司债券）的名义利率出现了显著的大幅下降。这主要是因为长期安全名义资产具有独特的客户群体，而美联储的购买减少了此类资产的供应，从而提高了均衡安全溢价。我们发现，对较不安全资产（如 Baa 评级公司债券）的名义利率（经违约调整后）的影响较小。当量化宽松涉及抵押贷款支持证券购买时，对抵押贷款支持证券利率的影响较大，而当量化宽松涉及国债购买时影响较小，这表明量化宽松的第二个主要传导机制是影响与抵押贷款相关的风险的均衡价格。来自通胀互换利率和通胀保值债券（TIPS）的证据显示，第一轮量化宽松和第二轮量化宽松均导致预期通胀上升，这意味着实际利率的下降幅度大于名义利率的下降幅度。我们的分析表明：（1）仅关注国债利率作为政策目标是不恰当的，因为量化宽松通过多个渠道发挥作用，这些渠道对特定资产的影响各不相同；（2）对特定资产的影响在很大程度上取决于购买的资产类型。

关于美联储将开始缩减其资产购买的猜测导致美国国债收益率显著上升，并对风险资产价格和跨境资本流动产生了较大的负面影响。从理论上讲，这令人惊讶，因为根据资产组合平衡理论，重要的是美联储投资组合中长期资产的存量，而不是流量。只要市场相信美联储会坚持持有这些存量，风险资产的价格就应该维持。然而，市场似乎对美联储可能缩减流入市场的资金的消息作出了反应，而人们本来以为这对预期存量的影响很小。要么是市场认为美联储关于持有其购买的资产存量的隐性承诺不可信，要么是市场本来预期 LSAP 会持续更长时间，直到该预期被纠正（这也使得利率的最终正常化被提前了），要么是我们对 LSAP 的运行原理理解得还不够！

由于日本长期名义债券收益率已经很低，日本银行的重点更多是直接提高通胀预期，而不是压低名义收益率。中央银行可以动用巨大的火力，其好处之一就是能够动摇根深蒂固的预期。日本银行的定量和定性宽松政策所产生的震撼和威慑力可能正是打破根深蒂固的通缩预期所需要的。

日本银行希望通过对大规模的财政赤字直接货币化来提高通胀预期。货币贬值的附带好处之一是通过汇率贬值进口通胀。然而，日本银行的任务并不容易。如果它在提高通胀预期方面过于成功，名义债券收益率将迅速上升，债券价格将暴跌。因此，为了避免激怒债券投资者，日本银行必须在不对名义债券收益率造成太大影响的情况下，将通胀预期提高到足以使长期实际利率下降到符合均衡的水平。考虑到我们确实不知道中性或均衡实际利率是多少，要产生多少通胀预期只能靠猜测。

最起码，非常规货币政策偏离了修复市场或机构的初衷，转而改变价格和通胀预期，似乎是向黑暗中迈出了一步。当然，中央银行家们可以辩护说，他们的日常业务就是通过改变政策利率来改变资产价格和通胀预期。然而，非常规货币政策被认为是通过不同的渠道起作用。即使不考虑我之前提出的关于通过压低实际利率到超低水平来实现充分就业的理论问题，我们也无法确定其价值。现在让我们转向这些政策的意外副作用。

● 非常规货币政策的意外影响

风险承担和投资扭曲

如果有效，"长期低位"政策利率与量化宽松的结合往往会压低固定收益证券的收益率曲线。需要一定名义回报的机构固定收益投资者（例如，承诺向养老金领取者支付固定名义款项的养老基金）将转向风险更大的工具，如垃圾债券、新兴市场债券或大宗商品交易所交易基金。其他投资者将转向股票。在某种程度上，这种对收益的追逐正是非常规货币政策的预期结果之一。人们希望，随着风险价格的降低，面临更低资本成本的企业将有更强的动机进行实际投资，从而创造就业机会并促进增长。

但这些计算可能会在两个方面出错。首先，金融风险承担可能仅停留在金融层面，未转化为实际投资。例如，垃圾债券或现有房屋的价格可能会被过度抬高，从而增加崩盘的风险，但没有新的资本货物被购买或新的房屋被建造。如果缺乏对投资的关键支持（如运作良好且资本充足的银行体系、新住房的区域规划许可），或者政策不确定性较大，这种情况尤其可能发生。许多研究者指出，非常宽松或非常规的货币政策会产生金融风险承担激励，其中 Stein（2013）全面阐述了相关的经济弊端。[1] 举一个例子，国际货币基金

---

[1] 参见 Stein（2013）。实证证据方面，还可参见 Becker and Ivashina（2015）；Ioannidou, Ongena and Peydró（2009）；Maddaloni and Peydró（2011）。理论方面，参见 Diamond and Rajan（2012）；Farhi and Tirole（2012）；Acharya, Pagano and Volpin（2016）。

组织的《全球金融稳定报告》（2013年春季）指出，低门槛贷款重新出现，这是风险容忍度提高可能演变为风险意识淡漠的证据。

其次，可能是次要的担忧，宽松的政策可能会降低企业的资本成本，使它们更愿意进行节省劳动力的资本投资，而不是雇佣劳动力。近年来，劳动力份额的下降与低资本成本同时出现，尽管也有其他解释。过度的节省劳动力的资本投资可能会违背非常规货币政策的初衷，即增加就业。相关地，通过改变资产价格和扭曲价格信号，非常规货币政策可能会在资产价格或信贷对低利率特别敏感的领域造成过度投资。例如，经济可能会得到过多的建筑物而不是足够的机器，这是一个我们记忆犹新的后果。

溢出效应——资本流动、汇率升值和信贷繁荣

宽松的全球流动性条件对跨境银行资产流动、汇率升值、股市升值以及资本输入国资产价格和信贷繁荣的溢出效应——以及最终的过度扩张、经常账户赤字和资产价格崩溃——在其他地方已有记录，无论是危机前的欧洲，还是危

机后的新兴市场。[①] 传导机制似乎是，借款的易得性提高了资产价格，增加了银行资本化，降低了预期杠杆率，减少了风险感知和指标（如 VIX 指数或风险价值所示），所有这些又反过来增加了信贷和实际杠杆率。[②] 当这种情况跨境发生时，资本输入国的汇率升值是另一个使贷款看起来更安全的因素（我将在第 2 章中详细说明这种机制）。安德鲁·克罗克特提出的担忧已被反复观察到。[③]

对于资本输入国来说，尚不清楚是应该冒着吸引更多资金流入的风险收紧货币政策，还是采取宽松的货币政策来推动信贷繁荣。收紧财政政策是遏制总需求的教科书式解决方案，但当收入激增时，收紧财政政策在政治上是困难的，因为繁荣掩盖了问题，而缺乏明显的问题使得采取反制措施在政治上变得困难。换句话说，正如我稍后将论证的那样，工业化国家的中央银行家们之所以为非常规货币政策辩护，是因为政治家们没有在本国作出必要的决定——非常规货币政

[①] 例如参见 Adrian and Shin（2010）；Adrian and Shin（2012）；BIS（2011）；Borio and Disyatat（2011）；Cetorelli and Goldberg（2012）；Chudik and Fratzscher（2012）；Schularick and Taylor（2012）。

[②] 参见 Rey（2013，2017）。

[③] 关于资本输入国的详细分析，参见 Barroso，da Silva and Sales（2016）。

策是唯一的选择。然而，与此同时，他们期望资本输入国对资本流入作出教科书式反应，却不承认这些反应在政治上也可能是很困难的。新的被普遍认同的观点是实施包括资本管制在内的审慎措施，以遏制信贷扩张，但这些措施在应对"大量资本流入"方面的有效性尚待证明。西班牙在全球金融危机前的逆周期准备金规定可能避免了更严重的结果，但不能阻止信贷和建筑业繁荣对西班牙的损害。

专注于在整个期限结构上降低利率的非常规货币政策对大型、流动性强的资本输出国国债市场的利率影响有限，但其产生的资金流动量可能会淹没流动性较差的资本输入国市场，从而造成巨大的价格和数量效应。现实可能是，资本输出国输出的大量资本可能远远超过大多数资本输入国用以抵御其影响的微弱防线。理论上有效的措施可能在实践中无法达到合适的规模来抵消顺周期效应，即使其规模合适，在政治上也可能不可行。随着资本输入国的杠杆率上升，脆弱性相应增加，当市场感知到非常规货币政策结束并扭转资金流动时，这些脆弱性就会迅速暴露出来。

在大萧条时期，重要的问题是竞争性贬值。虽然最近，资本输入国曾抱怨过"货币战争"，而中国和韩国似乎也受到了日本银行开始定量和定性宽松政策后日元大幅贬值的影响（尽管它们早前在日元升值时从中受益），但非常规货币政策的更令人担忧的影响很可能是竞争性资产价格膨胀。

我们已经看到信贷和资产价格膨胀在全球范围内循环发生。互联网泡沫破裂后，工业化国家的中央银行为了适应全球储蓄过剩所进行的调整造成了过度的信贷扩张，而新兴市场则是全球金融危机后追逐收益的资金流的输入国。这一次，由于出口市场的崩溃，它们更愿意自己采取宽松政策，结果经历了信贷和资产价格的繁荣。像巴西和印度这样对外收支接近平衡的国家，开始出现大规模的经常账户赤字。不可持续的需求绕了一圈，又回到了新兴市场，新兴市场正被迫进行调整。它们能否及时调整好自己的状态？（就在我写这段话时，以伯南克主席在 2013 年 5 月的演讲中提到美联储将不得不开始缩减量化宽松为导火索，由此引发的缩减恐慌开始席卷这些国家，大量资本在短时间内流出。）

该怎么办？如何防止资产价格暴跌的货币反应成为其他地方资产价格泡沫的起因？在资本大规模流动的一体化世界中，大国的货币政策充当了全球共同的加速踏板。即使完全踩下加速踏板，一个国家的汽车也可能仍在深坑中挣扎，但世界其他国家的汽车却可能被推到超速。如果全球各国难以避免来自大国央行非常规货币政策的溢出效应，这些大国央行是否应该内部化这些溢出效应？[①] 该如何做？这在政治上是否可行？这是我们将在第 3 章中讨论的话题。

推迟改革和道德风险

当中央银行家们被质疑他们作为创新者的非传统角色时，他们确实会感到委屈。"当我们是唯一的选择时，你希望我们做什么？"他们问道。但是，这很可能正是问题之所在。在政治家只有坏的和更坏的选择的环境下，当中央银行家自称为唯一的选择，他们就成了唯一的选择。每个人都把舞台让给了中央银行家，而中央银行家却不能承认他们的工具未经检验、效果未知。中央银行家必须表现得自信，并且会不断提到他们还有很多"子弹"，即使实际上他们的子弹很少。但公众的这种信心却使他们陷入困境，因为公众想知道为什么他们没有做更多。

当即将发生可怕的经济危机，政治家们必须作出令人

---

① 参见 Caruana（2012）对这个问题的反思。

不快的必要决策时，中央银行家的两难处境就尤为突出。例如，反复的危机迫使欧元区的政治家们坐在谈判桌前，他们接受了在其各自国内不受欢迎的措施，因为他们可以向选民解释这是为了避免欧元立即崩溃这一更糟的结果所必需的。关于欧洲央行宣布的 OMT 计划，即对不惜一切代价保护和维护欧元的承诺的履行，是否为政治家进行艰难的制度改革赢得了必要的时间，还是让国内狭隘的利益重新占据中心舞台，目前尚无定论。

最后，还有道德风险的问题。显然，当系统即将崩溃时，很难说是否应该允许其崩溃，以便给后人一个教训。不仅制度资本的损失对经济体来说难以重建，而且崩溃的代价可能会确保未来没有中央银行家会考虑"惩罚"该体系。并且显然，几乎没有中央银行家愿意被认为是他们眼睁睁地允许了崩溃。但是同样显然的是，由于知道中央银行会对尾部结果进行干预，私人银行家便有激励忽视这些结果，持有过少的流动性或跟风行事。[1] 所有的这些现在都是众所周知的。但不清楚的是如何解决这个问题，特别是目前尚不清楚银行家

---

① 　例如参见 Diamond and Rajan（2012）；Farhi and Tirole（2012）。

们对尾部风险漠不关心，是因为他们预期会得到救助，还是因为他们对风险一无所知。[①] 显然，如果银行家只是无知，那么对道德风险的担忧就无关紧要了！这个问题，我们也是不清楚的。

退出

经历了非常规货币政策"进入"的副作用之后，现在许多人担心这些政策的退出。问题在于，"进入"可能需要很长时间，因为中央银行需要建立对其未来政策的可信度才能产生效果，而"退出"则可能不需要中央银行的可信度，而且可能会被提前预期，因此市场会提前反应，并造成一些后果。如果"进入"的主要意图是使资产价格脱离均衡状态，那么资产价格就不太可能保持稳定。非自然抬高的资产价格必然会下跌，除非我们的经济被带入一个全新的环境中，而这是不太可能的。

人们可能认为，那些抱怨工业化国家非常规货币政策的国家应该对退出感到满意。使问题复杂化的关键在于杠杆。

---

① 例如参见 Cheng，Raina and Xiong（2014）。

如果资产价格只是涨涨跌跌，那么非常规货币政策的退出应该使一切恢复到原来的状态。然而，在资产价格上涨的部门积累的杠杆可能在资产价格下跌时导致企业、金融机构甚至整个经济的崩溃。[①] 说每个人都应该预见到非常规货币政策结束的后果是没有用的。正如安德鲁·克罗克特在他的演讲中所说，"金融中介机构更擅长评估某一时刻的相对风险，而不是预测金融周期中的风险演变"。

世界各国必须做好准备，特别是要保障充足的流动性供应。退出的中央银行家必须准备好在"退出"的后果过于剧烈时再次"进入"。退出是平稳的、间歇的，还是突然发生的？这又是我们对非常规货币政策所知甚少的一个方面。

● 结论

关于非常规货币政策，丘吉尔可能会说："在经济政策领域，从未有如此多的钱，被如此少的人，在如此少的证据下花费。"非常规货币政策确实是在黑暗中迈出的一步。但

---

① Rajan 和 Ramcharan（2015）记录的美国农场抵押贷款危机是一个有趣的案例。

这确实提出了一个问题，为什么中央银行家背离了通常的保守主义——毕竟，"创新"对中央银行家来说通常是一个贬义词。

新兴市场的一个观点是，过去的危机通常发生在不像美国或欧洲那样拥有深厚经济思想的国家。当新兴市场的政策制定者面临正统经济建议——在危机后需要多年的紧缩和失业以及大规模银行倒闭来清理经济，他们没有抗议。毕竟，很少有人受过训练并有信心质疑正统观点，而那些质疑的人通常被视作误入歧途的异类。掌握资金控制权的多边机构则根据经济经典制定政策。

然而，当自己国内发生危机时，西方的经济学家们却不愿意接受痛苦是必要的这一事实。由世界上可谓最杰出的货币经济学家领导的美联储提出了创造性的解决方案，很少有政策圈内的人，包括通常保守的多边机构，质疑这些方案。毕竟，他们不再拥有资金控制权，也没有经济学受训的优势。因此，对放弃正统经济学的解释是，当需要在国内进行痛苦的调整时，顶尖的经济学家重新审视了他们的补救措施。

然而，这并不是一个令人满意的解释。毕竟，像约瑟夫·斯蒂格利茨（Joseph Stiglitz）这样的诺贝尔经济学奖得主，无论人们对他的补救措施有何看法，都非常公开地反对多边机构对亚洲经济体施加的调整计划。

考虑另一种解释——也许中央银行家在防止全球金融危机后的金融系统崩溃方面的成功为他们赢得了公众的信任，使他们进一步进入量化宽松的深水区。救助银行的成功是否也误导了一些中央银行家，让他们认为自己有点金之手？因此，公众的信任加上中央银行家的自负，可能解释了量化宽松被采取的原因。然而，这也似乎只是部分解释。毕竟，普通公众对银行家们被获救并不满意，而主街*上的许多人也不理解，为什么在他们自己的雇主裁员或倒闭时，金融系统需要被拯救。

让我再猜测一下。或许是在花费数十亿美元拯救私人银行家之后却无所作为所带来的政治困难，才鼓励中央银行家采取创造性的行动。毕竟，当 TRAP 等创新工具被用来拯救华尔街时，怎么能让零下限这样的技术障碍阻碍对普通民众的救助呢？是不是一旦中央银行家对银行进行了必要的救

---

* 主街（Main Street）和华尔街（Wall Street）代表着美国经济中两种不同的经济力量或利益。主街通常代表美国普通家庭、社区和小型商业的利益。华尔街则指的是美国的金融中心，代表着大企业、投资银行、证券交易、股市和其他金融市场的利益。——译者注

助，就会被不可避免地卷入政治之中，而量化宽松是不可避免的结果？

或者，或许仅仅是出于普通的体面：中央银行家们肩负责任，在一个许多事情都已崩溃的世界中，他们决定尽其所能，包括采用量化宽松等工具。

正如关于最近非常规货币政策的许多方面一样，有很多事情我们只能猜测。最重要的一点是，如果说最近的事态发展打破了一个神话，那可能就是将中央银行家视为超脱于他们所处时代的政治和意识形态的专家。他们也走下了神坛。

在更实际的层面上，请允许我以安德鲁·克罗克特在他的演讲中提出的一条警告作为结束语：

> 不受控制的金融周期的代价是巨大的，因此至少应该探索抵抗它们的途径。至少，似乎有理由建议，在制定以通胀为目标的货币政策时，中央银行应该明确考虑金融发展对风险平衡的影响。

无论在当时还是现在，这都是非常好的建议。

第 2 章

资本流动、流动性和杠杆：货币政策溢出的新解读

在全球金融危机之前，政策制定者中有一种观点认为，世界已经达到政策最优状态，从而促成了经济波动方面的"大缓和"（great moderation）。在这个世界里，货币政策的唯一目标是国内价格稳定，并通过灵活的通胀目标来实现。通过允许汇率根据需要调整，该体系消除了干预汇率或积累储备的需要。正如 Eichengreen 等（2011）所论，通胀目标加上浮动汇率"因此可以被视为'各家自扫门前雪'原则在国际货币领域的胜利。国内的宏观经济稳定被认为足以确保国际的宏观经济稳定。国内方面和国际方面基本上被视为同一

枚硬币的两面"。

自2007—2009年全球金融危机以来，大量研究表明这种观点过于自满。各国之间存在大量政策溢出效应，无法通过允许汇率调整等惯用的解决方案来抵消。具体而言，资本输出国的货币宽松政策似乎通过资本流动、资本输入国货币升值、借款增加及当地金融和实体资产价格上涨等渠道传导到资本输入国。这些都会导致金融脆弱性。然而，这些发现引发了重要的问题。如果借款和贷款是理性的，那么为什么市场参与者会在明知相关风险的情况下还要加杠杆？为什么融资条件会如此突然地改变——这与基本面有关吗？国家当局可以做些什么来减少相关的系统性风险？这是本章的主题，本章源自在瑞士国家银行的卡尔·布鲁纳讲座上发表的演讲。

跨境资本流动既不是全然的祝福，也不是无疑的诅咒。如果使用得当，它们可以使资本输入国受益，弥补长期风险资本供应的不足，缩小地方公司治理的差距。它们也可以使资本输出国受益，为人口老龄化带来的储蓄提供投资渠道。

当然，资本流动也可能带来问题。它们可能在错误的时间到来，进一步为火热的投资繁荣增加信贷，助长资产价格泡沫。它们可能以错误的形式到来——作为资本输出国持有的对公司或政府的短期索偿权，随时可以拔腿就跑。它们也可能在错误的时间离开——当资本输出国的更高利率吸引它们回去，而不是当资本输入国的项目完成时。正如炸药一样，跨境资本流动的好坏取决于它们的使用方式。遗憾的是，没有明显的政策对策可以驯服资本流入，并改变其流入流出时间，以使资本输入国受益。即使有，资本输入国的制度往往也无法胜任这项任务——即使是最理智的政策制定者也很难拒绝廉价资金。

当然，资本输入国不是唯一的相关参与者。"推"和"拉"跨境资本流动的一个特别重要的因素是发达经济体货币政策的立场。宽松的货币政策通过资本流动、货币升值、借款增加以及金融和实体资产价格上涨传导到资本输入国。当货币政策收紧时，所有这些都将逆转，但有一个关键的区别。在宽松阶段积累的资本输入国公司和政府的借款会在紧缩阶段导致金融脆弱性。

新兴市场经济体可以做些什么来减少与大规模、持续的资本流动相关的风险，特别是在我们前文所讨论过的发达经济体"长期低利率"货币政策的面前？发达经济体的中央银行应对其货币政策的对外影响承担什么责任，它们可以采取什么行动来限制这种影响？国际货币基金组织等国际金融机构能发挥什么作用？

● 模型：国内公司方面

为了进一步说明这些问题，我将描述一个基于与道格拉斯·戴蒙德和胡赟之合作成果的国内公司融资模型，随后我将用它来讨论货币政策、资本流动和汇率对公司部门的影响。[①] 模型的关键要素是，对未来高流动性（即潜在资产买家富有并能为公司资产支付高价）的持续预期可以激励公司部门加杠杆。高杠杆与高预期流动性的结合减少了公司维持高水平公司治理或可抵押性的激励。当流动性维持高位时，治理水平的下降不是问题，但当流动性枯竭时问题就出现了，因为此时几乎没有什么能支持公司滚动债务或借新债的能力。换句话说，高流动性预期创造了公司依赖未来流动性滚动债务的条件。当流动性没有实现时，它们会遭遇突然停摆。注意，即使公司经济前景仍然光明，也会发生这种情

① 参见 Diamond，Hu and Rajan（2020a，2020b）。

况。然后我将论证，货币政策引起的资本流动及其汇率效应是一国公司部门流动性条件和资产价格波动的准外生来源，因此也是杠杆波动和金融脆弱性的来源。

让我们更具体地讨论国内公司融资模型，然后我将解释资本输出国货币政策、资本流动和汇率的作用。考虑一个经济体，它需要专家经理人从我们称为公司的资产中生产现金流。许多现有公司最初被拍卖给专家（这是为了建模方便，以确定公司的初始债务水平）。我们将每家公司的中标者称为在位者。未中标者则等待时机，希望未来能从在位者手中买下公司。金融家是模型中的其他主体，他们并不真正懂得该如何经营公司，但持有资金。

在最初的拍卖中，专家使用他们的初始财富和以公司资产为抵押从金融家那里借来的资源来竞标公司。金融家在贷款时知道他们有两种控制权来强制还款：第一种控制权是在公司未能还款时回收和出售公司的权利；第二种控制权是对公司产生的现金流的处置权。第一种权利只要求在经济中无摩擦地执行产权，我们假设这一点成立。尤其是当未来有大量外部专家愿意支付高价购买公司资产时，这种权利就变得尤为重要——贷款人可以简单地没收公司并将其出售给最高出价者，以得到还款。外部专家的未来财富越多（我们称之为流动性），初始拍卖竞标者越容易获得这种基于资产出售的融资。

第二种控制权是公司现任经理人（在位者）授予债权人的，他们使公司现金流在中期内更容易被债权人获取或可抵押——例如，通过改善会计质量或设立托管账户，使得现金流难以转移。我们假设提高可抵押性需要时间，但也是半持久的（提高会计质量不能一蹴而就，因为需要采用新的系统和雇用有声望的人）。因此，现任经理人提前一期设定可抵押性，并持续一期。因此，可抵押性代表了公司管理层可以改善（或忽视）公司治理的方式。重要的是，它将提高下一期任何拥有公司的人以现金流为抵押借款的能力，因为这些现金流将更容易被抵押给贷款人。

一般来说，专家的预期财富越高（即流动性），专家以其购买的公司的未来现金流为抵押借款的能力越强（即可抵押性），都会提高他们在未来某日对公司的出价。更高的预期出价将提高任意债权人届时的债务回收率，从而增加债权人在前期贷款的意愿。因此，更高的未来流动性和可抵押性将提高初始拍卖中的竞标者通过借贷来增加出价的能力。

然而，可抵押性是由现任公司经理在成功购买公司并承担债务后决定的。是什么因素影响了这一决定呢？现任经理人希望公司未来的市场估值较高——因为他们可能需要完全出售公司以应对资金需求，或是出售部分权益来为额外投资融资。因此，在购买公司后，他们有一定的个人动机来提高可抵押性，以使未来对公司的出价更高。然而，由于他们已经举债为初始拍卖融资，提高现金流的可抵押性是一把"双刃剑"。如果现任经理人继续控制公司，专家未来的更高出价也使得现有债权人能够收回更多钱，因为债权人有权在未收到全额支付时没收资产，并以更高的价格卖给专家。在这种情况下，现任经理人必须通过出价高于专家（或全额支付债务）来"买回"公司。最初承担的未偿债务越高，现任经理人提高可抵押性的动机就越低。相反，现任经理人需要出售公司或筹集新资金的可能性越大，其提高可抵押性的激励就越强。

现在考虑未来流动性对可抵押性选择的影响。如果专家是理性的，他们在未来购买公司时所支付的价格永远不会高于其基本价值。当未来流动性非常高时，专家就会有足够的财富以全价购买公司，而不需要以公司未来现金流为抵押借入更多资金。如果是这样，更高的可抵押性对专家竞标公司的出价没有影响。换句话说，高未来流动性在保障债务偿还方面挤出了对可抵押性的需求。因此，我们有两个影响可抵押性的因素——未偿还债务水平和预期的专家流动性。现在我们来看看两者之间的相互作用。

假设人们认为经济繁荣很可能发生，专家们将拥有大量财富。公司潜在的高转售价值将保证任何初始公司借款的偿还——在未来某日，富有的专家们将出全价购买公司，而不需要较高的可抵押性来筹钱竞标。高预期转售价值增加了公司能可靠地偿还的承诺支付金额，从而增加了任意专家为竞标公司可以预借的金额。

由于在未来高流动性的状态下，不需要可抵押性来强制还款，如果达成这种状态的概率较高，这会鼓励债权人向现任经理人提供大量预付贷款，即使他们知道高水平的债务会减少现任经理人提高可抵押性的激励。此外，即使可能出现低流动性状态，需要可抵押性来提高专家出价，以保障债权人的权益，债权人也会贷款。预期的流动性鼓励大量借款，这可能会挤出可抵押性。随后，如果实现低流动性状态，由于可抵押性已经被设定得较低，公司债务的可执行性以及借款能力将显著下降。同样受到经济低迷影响的专家们不再拥有足够的个人财富，公司现金流的低可抵押性也不允许他们以未来现金流为抵押借款，来支付收购公司的费用。由于外部对公司的出价很低，债权人执行债务偿还的能力下降。再融资枯竭，信用利差大幅上升。在公司提高可抵押性（这需要时间）或者经济中的流动性恢复（这可能需要更长的时间）之前，信用利差将保持在高位。

房地产繁荣的例子可以帮助我们理解这种动态。如果住房抵押贷款机构知道房屋正以高价热销，因而一套房子很容易被收回并出售获利，那么还有什么必要调查住房抵押贷款申请人，以确定他们是否有工作或收入呢？在流动性预期很高时，正常的保障措施和尽职调查被忽略了。美国房地产泡沫时期的一个结果就是臭名昭著的"忍者贷款"（Ninja loan），即向没有收入、没有工作和没有资产的借款人提供贷款。我们的观点是，单个公司在国内信贷繁荣中的经历提供了一个有用的类比。持续的高未来流动性预期（即潜在资产买家很富有，能够为公司资产支付高价）可能刺激公司大量举债；对于借款人来说，债务融资总是受欢迎的，因为它允许借款人以较少的自有资金运营公司。对于贷款人而言，高预期流动性使回收债务更容易——如果借款人未能还款，贷方可以通过第 11 章破产程序扣押公司的资产，并以高价出售给他人。然而，高杠杆与高预期流动性的结合也降低了管理层设立约束不当管理行为的机制的激励。原因在于：如果预期融资会很充足，那么在不太可能出现额外融资需求的情况下，为什么还要建立高成本且有约束的机制（如良好的会计规则、财务契约和诚实可靠的审计师）呢？

到目前为止，一切都局限于一国国内。让我总结一下这个理论的要点。存在对资产的直面竞争，财富有限的专家们尽可能多地借款（以公司资产为抵押），以便出价足够高，从而成功竞标。贷款人依赖于未来其他外部专家们的高出价，来保障债权的执行。更高的现金流可抵押性（由现任经理人在购买公司后决定）和未来潜在竞标者的流动性（即财富）都会提高这些出价。预期流动性的急剧增加既增加了前期借款，也降低了现任经理人设定的可抵押性。当高流动性得以维持时，管理的恶化不是问题，但当流动性枯竭时，这就成了问题，因为这时几乎没有什么东西能支撑公司的借款能力。换句话说，高流动性预期创造了条件，使得公司变得依赖于未来的持续流动性来滚动债务。当流动性未能实现时，它们会经历突如其来的停滞。这种情况即使在公司的经济前景依然光明时也可能发生。

● 模型：国际方面

现在让我们将这家公司置于新兴市场（或外围欧洲国家）中。我们根据大量新出现的证据增加三个假设。首先，新兴市场的国内公司（模型中的专家）有大量未偿借款，这些借款来自资本流出的来源国（资本输出国），或者即使来自其他地方，也以这些资本输出国的货币计价。资本输出国通常是美国，货币是美元，尽管我们这里不限于美元［例如，参见 Gopinath 和 Stein（2021）关于国内公司为什么能借外币债务的讨论］。

其次，资本输出国的宽松（紧缩）货币政策会传导到接收资本的新兴市场，造成本币升值（贬值）。[1] 由于"专家"（即新兴市场的国内公司）已经有外币借款，这意味着随着偿还外币借款所需的本币减少，它们的净资产和流动性预计会增加。如果资本输出国的货币政策对国内低增长作出激进的反应，但在较长时间后才恢复正常化，特别是在低通胀时

---

① 参见 Eichenbaum and Evans（1995）；Bruno and Shin（2015）。

代，那么流向新兴市场的资本和新兴市场的货币升值将会非常可观。[1]预计随着本币升值，以美元借款的国内公司的未来购买力将会提高，贷款人将愿意大幅增加今天对其他国内公司的信贷。这导致了更高的前期借款和更高的资产价格。然而，这也导致公司部门忽视内部管理，其债务能力变得过度依赖于流动性的持续可得性。

在某个时点，资本输出国的货币政策将正常化——这是第三个要素。资本输出国收紧政策将导致新兴市场货币贬值，从而降低而非增加企业流动性。此外，由于贷款人一直以来预期流动性有较高的可能性会持续，在紧缩政策开始时，杠杆率会过高。债务偿还和滚动债务的能力将下降，不仅是因为流动性更低，还因为公司治理被忽视了。高杠杆和债务能力的骤降将导致国内外贷款人不愿意续贷。如果公司部门有大量现有的短期借款，债务能力的下降可能会引发挤兑，从而使公司立即陷入困境。

预期流动性的崩溃可能源于资本输出国货币立场的变化，它可能与新兴市场的宏观经济政策及其可信度或缺乏可

---

[1]　参见 Cesa-Bianchi、Ferrero 和 Rebucci（2018）关于国际信贷供给冲击下货币升值和资产价格增长的详细证据。

信度无关。换句话说，新兴市场的繁荣和萧条可能是资本输出国政策的真正溢出效应。所谓的缩减恐慌是一个很好的例子，说明了发达经济体的货币政策变化——甚至只是预期到变化——如何对新兴市场产生不良影响。

● 为什么标准的"药方"不起作用

在最近的金融危机之前，政策制定者中有一种观点认为，世界已经达到了政策最优状态，从而促成了经济波动的"大缓和"。在这个世界里，货币政策的唯一目标是国内价格稳定，并通过灵活的通胀目标来实现。通过允许汇率根据需要调整，该体系消除了干预货币市场或积累储备的需要。例如，如果资本流入某个国家，并且汇率被允许升值，最终资本将停止流入，因为未来贬值的前景降低了预期回报。

自 2007—2008 年全球金融危机以来，大量研究表明，这种观点过于自满——资本流入的溢出效应不能通过允许汇率升值来抵消。相反，许多这样做的国家发现，反而会有更多的资本流入，只为追逐早期投资者实现的回报。①

① 例如参见 Bruno and Shin（2015）。

实际上，我们的模型表明，汇率波动是资本输入国公司流动性波动的重要原因。新兴市场经济体常被指责操纵货币以提高出口竞争力。但关于贸易竞争力的担忧并不一定是资本输入国当局害怕让货币浮动或自由对美元波动的唯一原因。我们的模型表明，Hausmann、Panizza 和 Stein（2001）以及 Calvo 和 Reinhart（2002）描述的"害怕浮动"实际上可能是一种宏观审慎政策：从我们的模型来看，持续升值为金融脆弱性埋下了种子，一旦货币急剧贬值，金融脆弱性便会成为现实。各个当局已经看过许多次这种情况，并知道结局，因此通过对抗货币波动来审慎行事。

当然，许多新兴市场国家也认识到，它们应该在国内货币持续升值的情况下建立外汇储备。由于美元疲软通常与本币走强相对应，一些新兴市场国家的这种购买行为可能会被视为在此类情况下对"安全"资产的普遍需求。实际上，这是资本输入国试图减缓货币升值的手段，同时为应对不可避免的贬值建立资金储备。Hofmann、Shin 和 Villamizar-Villegas（2019）的证据表明，外汇干预平滑了企业借款的增长，这是我们模型的一个基本预测。当然，这种干预加剧了道德风险（一旦央行平滑了货币波动，企业便会认为外币借款的风险降低），这也是一些新兴市场国家试图控制企业向外借款的原因。

　　遗憾的是，当局们缺乏其他不会严重扰乱国内经济的工具。重要的是，资本输入国收紧货币政策可能会使企业借款的货币构成进一步转向"更便宜"的美元（并加剧国内汇率升值），而更宽松的政策则可能会鼓励过度的国内信贷扩张。

　　当低迷的通胀使资本输出国的货币政策长期宽松时，资本输入国的经济繁荣和萧条的趋势就会变得更加明显，正如在新冠疫情前的数十年那样。[1] 从资本输入国的角度来看，资本输出国承诺"长期低利率"就是承诺对资本输入国维持宽松的流动性——直到逆转发生。这意味着杠杆和金融脆弱性的大量累积。所以，各新兴市场政策制定者对资本输出国持续的宽松政策以及这种政策突然逆转的可能性表示担忧，毫不奇怪。这些担忧并不矛盾；一个担忧来自另一个担忧。

　　稍加说明，自我在卡尔·布鲁纳讲座的演讲发表以来，Bergant、Mishra 和 Rajan（2023）对上述模型的细节进行了检验，并发现了与之相符的证据。

---

[1]　关于更详细的论点，参见 Borio and White（2004）。

● 多边行动的范围

资本输出国对这些溢出效应负有什么责任？有一种观点认为溢出效应主要是由资本输入国汇率调整不足而造成的，资本输出国对此不负责任。这确实是一些发达经济体的中央银行家们所持的观点，他们只关注自己的国内任务。很难知道，如果其任务中还包括一些国际责任，他们是否还会持同样的观点。另一些人认识到可能存在溢出效应，但认为不可能改变资本输出国的行为。相反，他们关注资本输入国所谓的宏观审慎政策和资本流动措施，就像国际货币基金组织所做的那样。[①] 然而，宏观审慎政策的范围很窄——宏观审慎当局通常仅对金融系统的部分领域具有管辖权，而货币政策，如杰里米·斯坦（Jeremy Stein）所言，则会"大水漫灌"。宏观审慎政策也尚未显示出其有效性。更广泛的观点不是排除宏观审慎工具的使用，而是强调它们大多未经试验，每当有人建议货币政策需要解决更广泛的问题时，它们并不能成为退路。

一些经济学家呼吁制定货币政策规则，在某些情况下

---

① 参见 IMF（2012）。

约束资本输出国央行的行为——我将在第 3 章中介绍一些可能性。例如，某些类型的非常规货币政策行动在特定环境中会被排除，因为它们会产生很大的负面溢出效应——正如持续的单向汇率干预直到最近都一直受到反对。遵守这些规则并不是出于利他主义。签署了国际货币基金组织协议条款的国家已经同意对其行为的国际后果承担责任。这些规则将在极端情况下限制中央银行的行为，而无需改变其任务或要求国际协调。这样，中央银行就可以简单地避免采取违反规则的政策。实际上，由二十国集团（G20）发起设立的、旨在为改变全球金融结构提出建议的专家团（Eminent Persons Group）指出，需要一个"基于规则的国际框架，依靠全面和不断发展的证据基础……提供政策建议，使各国努力避免采用具有大规模溢出效应的政策，发展有弹性的市场，并在管理金融稳定性风险的同时，从资本流动中获益"。[①] 该专家团补充说，国际货币基金组织应制定一个框架，使资本输出国能够"在实现国内目标的同时，避免大规模国际溢出效应"。

---

① https://www.globalfinancialgovernance.org/.

　　还有另一种有趣的可能性。我们的模型表明，长期的宽松货币政策可能会提高杠杆率，推高资产价格，并增加资本输出国自身的金融稳定性风险。如果资本输出国的央行货币政策包含国内金融稳定的任务，那么政策行动或许可以用一种同样能够减轻外部溢出效应的方式进行改变。我将在后面的结论中回到这一点。

第3章

货币游戏的规则

在第2章中，我们看到了资本输出国的单向货币政策如何通过资本流动、汇率和资产价格变动产生跨境溢出效应。更广泛地说，金融世界通过跨境贸易、投资、支付和资本流动变得更加一体化。即便如此，一国中央银行的目标和责任仍然完全局限于其国内。显然，政治家们不会因为扩展中央银行的责任而获得国内的政治回报。此外，中央银行家自己也不希望将其行动的国际溢出效应这一复杂问题纳入原本已十分困难的工作考量之中。而且，只要资本流动波动的后果由新兴市场和发展中国家承担，而储备货币国家为渴求收益率的资本寻找外部出口，就的确会缺乏有力的变革支持群体。于是，这是一个人人都意识到，但没有人真正想解决的问题。

显然，即使人们有意愿解决这些问题，这些问题也很难解决。而随着中央银行数字货币和全球稳定币的可能出现，资本流动将变得更加迅速，问题将变得更加棘手。国际货币基金组织的普拉奇·米什拉[1]和我撰写了以下这篇文章，以探讨其中涉及的问题并提出疑问：如何制定新的游戏规则？在现阶段，我们认为对政治可行性仅抱有轻微关注是明智的——包括动荡和危机在内的事态发展往往会使不可思议的事情成为可能。相反，我们的重点是技术可行性：我们是否真的有足够多的知识来制定具体规则，如果没有，我们应该如何推进？

为了避免出现类似于大萧条期间奉行的具有破坏性的"以邻为壑"策略，战后布雷顿森林体系试图阻止各国通过贬值货币以获得不公平且持续的竞争优势。该体系要求实行固定但偶尔可调整的汇率，并限制跨境资本流动。这些关于

---

[1] 这些观点仅代表作者的个人意见，不代表国际货币基金组织或任何作者所属机构的立场。

一个国家何时可以调整其汇率挂钩的详细规则，在汇率大体灵活的后布雷顿森林世界中逐渐消失；取而代之的是一个几乎完全自由的体系，在这个体系中，唯一被禁止的活动是一个国家在汇率上的持续单向干预，尤其是在经常账户盈余的情况下。对于更常规的政策，当时的普遍看法是，每个国家在资本可流动的体系中做对自己最有利的事情，最终的结果就是对全球均衡最有利的。例如，一个国家试图通过激进的货币政策使其汇率过度贬值，那么通胀就会上升，从而抵消任何暂时的竞争优势。然而，即使这种自动调整机制曾经奏效（我们的论文并不支持这一结论），全球环境也已经改变。处在全球金融危机和新冠疫情之间，我们经历了：

（1）总需求疲软，部分原因是对人口老龄化和生产放缓的后果认识不足；

（2）一个更加一体化和开放的世界，资本大量流动；

（3）沉重的政府和私人债务负担；

（4）持续的低通胀。

在这种环境中（未来可能再次出现），避免通胀过低的压力，以及恢复增长以降低国内失业率的需要，可能会使得一国当局更多地依赖非常规货币政策以及汇率或金融市场干预。这些措施可能会对其他国家产生巨大的负面溢出效应。大多数中央银行的国内任务在法律上不允许它们顾及所有对国外不利的溢出效应，并可能迫使其采取激进的政策——只要这些政策对国内有些许积极影响。因此，世界可能会走上一条次优的集体道路。我们需要重新审视游戏规则，以确保在这种情况下采取负责任的政策。本章将提出一些需要考虑的问题。

● 现行体系的问题

所有的货币政策都有外部溢出效应。如果一个国家降低国内利率，其汇率通常也会贬值，从而有利于出口。在正常情况下，较低的利率对国内消费和投资产生的"需求创造"效应，与较低的汇率对于提高该国商品外部需求的"需求转移"效应相比，并不小。实际上，我们可以说，对世界其他地区的溢出效应可能是正的，因为国内需求的提高吸引了大量的进口，抵消了以其他国家为代价的出口的增加。

在金融危机后的世界，随着各国采取非常规货币政策，情况变得不那么明朗。例如，如果经济中对利率敏感的部分受到现有债务的约束，那么降低利率可能对提高国内需求没有多大作用，但可以通过汇率继续产生需求转移效应。同样，从国内投资者手中购买长期债券等资产的非常规"量化宽松"政策可能确实会降低长期利率，但如果总产能利用率很低，则可能不会对国内投资产生影响。实际上，储户可能会通过增加储蓄来应对资产价格扭曲的加剧。而如果某些国内机构投资者（如养老基金和保险公司）需要长期债券的高利率来支付未来的理赔，它们可能会在国外扭曲程度较低的市场购买这些债券。这种寻求收益的行为将导致汇率贬值。如果是这样，这项政策对国内需求的主要影响途径可能是较低汇率的需求转移效应，而不是需求创造渠道。[①]

其他国家可以对非常规货币政策的后果作出反应，一些经济学家认为问题的根本在于它们不愿意作出适当反应——例如，紧缩政策或允许国内汇率升值。[②] 然而，对货币和金融稳定的担忧可能会阻止那些国家（特别是制度欠发达的国家）作出反应来抵消来自发起国的干扰（见本书第 1 章和第

[①] 例如参见 Taylor（2017）关于近年非常规货币政策对汇率影响的证据。

[②] 例如参见 Bernanke（2015）。

2章）。这么说似乎是合理的：对政策的全球责任评估应以现实世界，而非假设的理想状态为基础。

最终，如果所有国家都采用需求转移政策，我们可能会陷入一场"逐底竞争"。各国可能会发现难以摆脱这种政策，因为退出非常规货币政策的直接影响可能是汇率严重升值和国内流动性减少。此外，正如前一章所论述的，如果激进的货币宽松政策会导致资产市场扭曲和债务累积，那么非常规货币政策在中期的后果可能并不良好，最终可能导致灾难性的结局。

到目前为止，我们主要关注一国货币政策对世界其他地区的汇率和利率的影响。在后布雷顿森林体系中，一国货币政策传导到世界其他地区的一个明显相关的渠道是资本流动。这不仅是由利率差异引起的，也是在资本输出国货币政策影响下，机构对风险和杠杆的态度变化所导致的。全球金融危机后流入新兴市场的资本非常多，尽管一些新兴市场国家极不情愿吸收这些流入的资本。

因此，新兴经济体的公司杠杆显著增加。[1] 这种增加可

---

① 参见 Alter and Elekdag（2020）。

能反映了跨境银行资金流动的直接影响、资本输出国货币政策引发的全球风险偏好变化[1]、未来充裕流动性的承诺对借贷能力的影响（见第 2 章）或汇率升值和资产价格上涨的间接影响，这些可能使新兴市场借款人看起来比实际拥有更多的权益。[2]

这种资本流动的意外后果是，它们受到资本输出国货币政策的显著影响，并可能迅速逆转——正如 2013 年流动性缩减恐慌期间那样。这意味着它们不是可靠的融资来源，这就要求新兴市场中央银行建立充足的流动性储备（即外汇储备），以待资本流动逆转时使用。此外，新兴市场中央银行为其借款人提供的流动性保险从来都不完美，因此当资本流动逆转时，随之而来的往往是金融和经济困境。资本流动由工业化国家的货币政策立场驱动或回撤，在进入时产生风险，在退出时引发困境。它们既构成了代价高昂的溢出效应，也构成了对新兴市场的货币灵活性的重大制约。

这里的基本思想是，单纯因为一种政策被称为货币政

---

[1] 参见 Rey（2013）；Baskaya et al. (2022)；Morais，Peydro and Ruiz（2015）。

[2] 例如参见 Shin（2016）或本书第 2 章。

策、非常规货币政策或其他政策，并不一定意味着它对世界有净好处。所有货币政策都有外部溢出效应，并不意味着它们都是合理的。重要的是需求创造效应与需求转移效应的相对大小以及其他金融部门溢出效应的大小，即净溢出效应。[①]

当然，如今政策制定者不那么看重国际溢出效应的一个主要原因是，几乎所有央行的任务都是关注其国内的目标。例如，如果央行面临违反通胀任务下限的危险，那么无论外部影响如何，央行都必须采取一切可能的政策使通胀回到目标水平。事实上，它们甚至可以以持续和单向的方式直接干预汇率，尽管在国际上，根据旧标准，这可能被视为放弃国际责任。目前的状况意味着，各国央行想方设法在国际论坛上为自己的政策辩护，却不承认那个避而不谈的话题——汇率可能是主要的传导渠道，外部溢出效应可能非常不利。遗憾的是，即使它们不想放弃国际责任，其国内任务也可能让它们别无选择。在后文中，我们将假定国内任务不压倒国际责任，进而研究货币行为的合理规则。

[①] 例如参见 Borio（2014b）；Borio and Disyatat（2009）。

● 制定新规则的原则

一国的货币政策行动可能会带来可观且显著的跨境溢出效应。如果忽视这些溢出效应，各国可能会采取对本国最优的政策，而这些政策会给其他国家造成成本。如果各国一致认可一套新的规则或原则来描述可接受行为的界限，就能提高效率，从而产生更好的全球结果。这并不意味着各国必须协调政策，只是意味着它们必须成为更好的全球公民，放弃那些有巨大负面外部效应的政策。过去我们有一条这样的规则——不对汇率进行持续的单向干预，但随着大量新的非常规货币政策的出现，我们必须找到新的、清晰的、相互接受的规则。

新规则的基础是什么？首先，可以根据分析性的建议和讨论对政策进行大致评级。以红绿灯类比，几乎没有负面溢出效应，甚至应该受到全球社会鼓励的政策可以被评为绿色；应该暂时使用并谨慎执行的政策可以被评为黄色；应该始终避免的政策可以被评为红色。我们将在本节讨论此类评级的大致原则，并讨论今天的经济学工具是否足以使人们通过经验分析提供明确的政策评级。（预告一下，答案是"否"。）然后我们会论证，一旦就本节讨论的大致原则达成一致，还是有可能取得进展的。

在制定评级框架时，需要考虑一些问题：

（1）一项政策如果在发起国之外有任何负面的溢出效应，是否应该完全避免？还是应该将发起国的利益纳入以衡量政策的全球净效应？换句话说，我们在评判政策时应该考虑全球福利的提升，还是只考虑对其他国家的净溢出效应？

（2）溢出效应的衡量是否应考虑其他国家的政策反应？换句话说，应基于政策的局部均衡效应还是一般均衡效应对其进行评判？

（3）对于已经失去政策选择、长期陷入缓慢增长的国家，其国内利益是否应占更高的权重，而负面溢出效应占更低的权重？是否应该允许这些国家"快速启动"（jumpstart），即使这会给其他国家造成成本？

（4）溢出效应应在中期内进行衡量，还是在某一时点进行评估？

（5）对于制度较弱、政策工具不那么有效的欠发达国家，其受到的溢出效应（无论是正面的还是负面的）是否应得到更多重视？

（6）溢出效应应该是按受影响的人口还是效应的美元价

值进行加权？

我们得到如下一些初步的答案：

一般而言，随着时间推移，具有净负外部溢出效应的政策应被评为红色，并且应该避免。这显然包括在本国（政策行动的发起地）正面效应较小，但在外国（溢出效应的发生地）负面效应较大的政策。例如，如果非常规货币政策行动通过促进对新兴市场的出口而在某些发达国家引发微弱的复苏，但也导致新兴市场的大量资本流入和资产价格泡沫，这些政策就应被评为红色。这种政策会降低全球福利。

如果一项政策对本国和外国都有正面影响，因此对全球福利有利，那么它肯定会被评为绿色。传统货币政策就属于这一类，因为它会提高本国经济的产出，并创造对外国经济的出口需求。然而，对此类政策给予绿色评级假定了本国经济和外国经济所处的金融和信贷周期的阶段，即低利率带来的金融稳定性风险可能有限。①

可以设想其他政策，对发起国有大的正面影响（由于政

---

① 一个可能被评为绿色的例子是 Taylor（2017）提出的框架，其中各国会公布其基于规则的货币政策——在紧急情况下有选择退出的权利。这样的框架还将有助于各国对发起国政策设定合理的反应函数。

策的价值或该国的相对规模），对世界其他国家有持续的小的负面影响。粗略地说，这些政策可能会提高全球福利，尽管发起国之外的福利会下降。虽然很难在不涉及具体问题的情况下对这些政策进行评级，但它们可能正是属于黄色类别：可以在一段时间内允许，但不能持续。即使是为了提高本国经济增长的传统货币政策，如果各国处于低利率会对外国经济带来显著的金融稳定性风险的金融阶段，也可能属于黄色类别。

显然，外国可能有应对的政策空间，而这应该被考虑在内。例如，一个处于零下限的本国 A 可能会启动量化宽松政策，而外国 B 可能会通过降低利率来避免资本流入和汇率升值。量化宽松的溢出效应将基于没有量化宽松时 B 的福利和有量化宽松且 B 作出应对后的福利的差异得出。

如果一项政策对陷入困境的经济体起到了"强心剂"的作用，并且可以快速启动该经济体，但对外国经济造成暂时的负面溢出效应，也可以被评为绿色［例如，拉斯·斯文森（Lars Svensson）提议日本通过实行汇率目标制来改变通胀预期］。[①] 即使对外国经济有暂时的负面溢出效应，该政

---

① 参见 Svensson（2001）。

策通过其对本国经济增长和对外国商品需求的影响，最终可以为世界其他国家提供大的正面溢出效应。当然，重要的是，本国在获得"强心剂"并实现增长后，不应采取最小化对其他国家的正面溢出效应的政策（如长期压低汇率）。因此，在静态时被评为红色的政策可能基于长期承诺而被评为绿色。这也意味着政策应在中期内进行评级，而不是基于一次性的静态效应。

我们刚刚提出的论点是，长期陷入困境且几乎没有其他选择的国家应被暂时允许实施可能带来负面溢出效应的政策。但是，如果这种政策被寻求在中期内实施，会怎么样呢？在这里，"困境"是一个相对概念，无论是在不同时间上，还是在不同国家之间。如果一个停滞不前的发达国家可以被开绿灯，那么历史上停滞不前的欠发达国家是否应该永远被开绿灯来做任何对它们最有利的事情？我们很难根据相对停滞或偏离趋势增长将发达国家作为例外，而不承认许多其他例外。

在这一方面，欠发达的国家通常有较弱的制度——例如，中央银行的信誉有限，预算框架不受规则和监督机构的约束。因此，它们通过政策来抵消溢出效应的能力通常更有限。此外，较贫穷的民众生活水平接近最低生存边际，而欠发达国家的安全网通常较弱。因此，有理由对欠发达国家的溢出效应赋予更高的权重。然而，很难确定确切的权重。不过，在决定如何评估接近边界的政策时，可以考虑这一方面。

一个相关的问题是，溢出效应是应该用货币总量来衡量，还是用按人口加权的"效用"来衡量。同样地，确定效用可能很难，因此或许在进行第一步评估时，最好以美元价值来评估溢出效应，而不是尝试进一步转换为效用。这肯定会有助于跨国和跨时间进行加总，以了解政策的净效应。

总的来说，政策是被评为红色、绿色还是黄色，将取决于多种因素，例如本国和外国所处的金融和商业周期阶段，政策行动是快速启动经济的"强心剂"还是仅仅提供温和的刺激并需要持续实施，惯用的传导渠道是否被堵塞从而需要非常规货币政策，外国是否有空间采用缓冲政策，溢出效应是否影响了制度较弱且应对空间较小的欠发达国家，等等。

最后，一些可能被评估的政策例子包括：

直接或"明显"的汇率操纵（例如，通过大规模干预外汇市场，目的是使本国货币贬值或不让其升值，或使其相对于某个基准保持"低估")。

其他对资产价格或汇率有巨大影响的间接政策，其对实体经济的影响尚不确定——非常规货币政策可能属于这一类。

可能产生金融部门溢出效应的政策，例如促进资本流动、高信贷增长和资产价格泡沫。这些也可被视为通过金融系统产生巨大负面溢出效应的政策。发达经济体中实施的长期低利率政策就属于这一类。

在结束本节之前，让我们谈谈五种常见的对任何游戏规则建议的反应。

中央银行已经考虑到其政策的回溢效应（spillback effect），即使它们有国内任务。这是事实，但回溢效应（央行政策回流到发起国而造成的部分后果，例如，通过贸易伙伴的低增长和由此导致的低进口）可能只是溢出效应的一小部分。对整个世界来说，重要的是，各国将溢出效应内部化。

中央银行已经在各种论坛上讨论其政策，并努力沟通和保持透明。是的，但公开的沟通和透明仍然等同于说"这是我们的政策，却是你们的麻烦"。

考虑溢出效应将使已经困难的政策制定变得过于复杂和无法沟通。是的，但各国可能已经考虑了回溢效应，这涉及估计其他国家的政策反应函数。考虑溢出效应会比这复杂多少？

规则将只约束系统重要性中央银行。尽管较小的国家也会有义务，但这是可能的。现实情况是，货币政策的后果是不对称的，它取决于一个国家的重要性。这通常是特权和权力的来源。我们建议承担一些相应的义务。

任何规则都会影响中央银行履行其国内任务的能力。的确如此，这就是为什么我们最终必须探索国内任务在这个一体化世界中如何与国际责任共存。在许多其他国际互动领域（例如碳排放），我们很少会主张一个国家可以自由地做对国内最有利的事情，即使这对世界其他地方造成了成本。不能仅仅因为货币任务是在溢出效应不那么令人担忧时制定的，货币政策就能被开绿灯。

估计溢出效应的实证文献在迅速增加。[1] 很多文献似乎侧重于分析政府债券收益率或汇率等结果变量的国际传导，而不是衡量特定政策的跨境溢出效应。在试图衡量特定政策

---

[1]　关于概述，可参见 Mishra and Rajan（2019）。

的溢出效应的研究中，识别溢出效应仍然是一个挑战。

考虑到这一现状，这种分析只能作为讨论政策评级的基础。相反，许多政策将落在黄色区域，讨论的主要内容将是如何进一步调整以使其真正进入绿色区域。经验和事后分析可能表明某些政策实际上应该被归类为红色。随着时间的推移，分析加上经验可以使政策的评级更加明确。

● 如何推进？

接下来的关键问题是：应该由谁来评估溢出效应？什么样的论坛适合讨论具体政策溢出效应和这些政策的评级？我们应该如何推进？

专家小组

鉴于国际组织运作所面临的限制和政治困难，合适的做法可能是从一个在全球范围内具有合理代表性的专家小组开始，让他们来评估溢出效应并对政策进行评级。他们可以定期向聚集在位于巴塞尔的国际清算银行的中央银行家们提供评估报告。

国际会议

一旦中央银行家们有了一些信心，下一步可能是在会议上讨论国际溢出效应以让更多政策制定者参与进来，例如国际货币基金组织董事会、国际货币与金融委员会和二十国集团的会议。这些讨论将基于背景文件，这些文件将委托国际货币基金组织等传统来源以及学术团体和新兴市场中央银行等非传统来源编写。

这些文件将试图分离溢出效应的性质及其规模，并尝试对政策行动进行初步分类。几乎可以肯定的是，对于最近一系列政策应该归为哪种颜色的讨论将会有非常多模糊之处。但讨论有助于参与者理解，如果我们有更好的模型和数据，那么可以如何对这些政策进行分类，以及如何改进模型和数据收集。

正式规则之前的国家责任

当讨论政策以便更好地理解情况时，任何影响国际货币体系的政策都不应该被排除在外。重要的是，简单地给一项政策贴上"货币政策"的标签，就因为它属于中央银行的国内任务范围而自动给其开绿灯是不应该的。重要的不在于政策制定者的任务、声称的意图或工具，而在于实际的传导渠道和结果，包括溢出效应。应鼓励政策制定者通过陈述和解释其政策行动来回应背景文件，以试图说服国际社会认同这些政策属于绿色和黄色区域。

国际会议

随着国际社会对什么是合理的游戏规则以及如何在此背景下为政策贴标签的理解逐渐加深，也许有必要召开一次国际会议，探讨国际社会对如何实施这些有益规则的理解。届时，可能需要讨论中央银行的国际责任如何与其国内任务相匹配。认识到改变任何中央银行任务的政治困难，会议必须深入探讨如何将国际责任融入现有任务。会议必须决定是否需要一项类似布雷顿森林体系的新国际协定，或者是否可以通过对国际货币基金组织章程的少量修改以及对国家当局任务的相应调整来实现大部分目标。

国际货币基金组织的角色

国际货币基金组织将扮演什么样的角色？成员国的义务和国际货币基金组织的权力源自《国际货币基金协定》（以

下简称《协定》）。第四条第 1 款明确指出，国际货币基金组织成员国有"与国际货币基金组织的其他成员国合作，以保证有序的汇兑安排，并促进形成一个稳定的汇率制度"的一般义务。章程中对"一般义务"的含义不明确，但可以"作为基金要求其成员国采取具体行动或避免采取具体行动的依据。"[①] 第四条进一步规定，"具体说，各成员国应……(iii)避免操纵汇率或国际货币制度来阻碍国际收支的有效调整或取得对其他成员国不公平的竞争优势"。此外，《成员国汇率政策指导原则》（最初于 1977 年制定，2007 年修订，以下简称《原则》）指出，"成员国在其干预政策中应考虑其他成员国的利益，包括使用其所干预的货币的成员国"。

尽管《协定》或《原则》没有详细定义"操纵"的含义，但 IMF（2007）通过以下表述缩小了操纵的范围："汇率操纵只能通过针对——并实际影响——汇率水平的政策来进行。此外，操纵可能导致汇率变动，也可能阻碍这种变动。"

实际上，要确定一项政策是否以达到某个汇率水平为目标可能很困难。无论意图或目的如何，干预外汇市场等直接

[①] 参见 IMF（2006）。

政策行动，或者货币、财政和贸易政策或资本流动监管等间接政策，都可能影响汇率水平，并且可以被解释为"操纵"。《协定》的解释或许可以扩展到包括更广泛的政策，这些政策主要对汇率产生影响，从而造成"以邻为壑"的后果。

虽然《协定》包含成员国在汇率政策方面的义务，但完全没有触及国家特定政策对全球金融稳定的影响。成员国的义务仅与国内增长目标有关。例如，根据《协定》，经济疲弱的国家可以实施宽松的货币政策以刺激产出和就业。尽管这些政策可能对其他国家的金融稳定产生影响，但该国仍会辩称其政策符合第四条第 1 款（i）的规定，即允许每个成员国"使各自的经济和金融政策实现在保持合理价格稳定的情况下促进有序经济增长这个目标"。更广泛地说，国际货币基金组织的《协定》可能需要根据对游戏规则的讨论进行修改。

此外，虽然国际货币基金组织可以通过更广泛地监督其成员国的汇率政策和其他具有显著金融部门溢出效应的政策（可能还有对这些政策的公开声明）来帮助提醒投资者注意可能的不利影响，但除非在计划中，否则各国没有义务遵循国际货币基金组织的建议。因此，更相关的问题可能是：

一旦国际货币基金组织的执行董事会确定某个国家违反了新的游戏规则，国际货币基金组织实际上能做些什么？一种乐观的看法是，明确关注特定国家的行动对世界其他地区的负面影响，将导致该国受到来自全球的政治和经济压力，使其停止和避免这种行为。最终的游戏规则越明确，这种结果就越有可能出现。然而，现实情况是，世界各国关于利用道德劝说（或点名批评）来促使其他国家遵守规则的经验充其量也就是喜忧参半。不管怎样，我们距离达成一致的规则还很远，在这一时点上考虑执行问题似乎为时尚早。

● 结论

如本章所示，关于一国国内政策的国际溢出效应还有很多需要确定的地方。由于对这些问题的经济分析还处于早期阶段，我们不太可能很快得到强有力的政策建议，更不用说国际上达成一致了，特别是考虑到许多国家当局（如中央银行）有明确的国内任务。

因此，本章建议进行一段时间的集中讨论，首先在国际会议之外进行，接着在国际会议中探讨。对国内政策的国际溢出效应的讨论不必在指责和防御的环境中进行，而应尝试制定合理且不过度干涉的行为规则。

随着对行为规则的共识逐渐形成，我们可以考虑下一步是否通过国际协议将其编纂，并可以看看像国际货币基金组织这样的多边监督机构的《协定》需要如何修改，以及各国当局将如何解释或修改国内任务以纳入国际责任。

显然，在当前一些国家民族主义日益高涨、背离国际责任的环境下，任何加强国际规则的尝试，往好里说可能被视为乐观，往坏里说可能被视为天真。然而，我们必须记住使改革迫在眉睫的两个事态发展。首先，跨境流动的增加，特别是随着中央银行数字货币和全球稳定币等技术创新的普及，使世界更加一体化。其次，世界正在变得多极化。过去，在美国霸权之下尽管没有规则，但系统仍然能够运转。随着经济世界变得越来越多极化，如果有一个被广泛接受的规则来约束每个大国，那么系统可能会运作得更好。本章试图开启对话，就一套可接受的规则达成共识。

第 4 章

中央银行、政治压力及其意外后果

2020 年，全球遭遇了一场毁灭性的疫情冲击，促使各国采取了大规模的货币和财政应对措施。从我在前几章中描述的通胀过低的情况来看，工业化国家的中央银行发现通胀率高得令人不安。遗憾的是，过去几十年所遵循的中央银行政策意味着，各经济体远未做好与通胀作斗争的准备。在我于安德鲁·克罗克特讲座上的演讲发表（见第 1 章）近十年后，我总结了我们对非常规货币政策的认识。时间的推移让我更加坚信，与大多数行动一样，货币政策最好适度实施，并对政策可能产生的意外后果保持谦逊。本章基于我在

2021 年 11 月 18 日卡托研究所第 39 届年度货币会议上的主旨演讲写成。

在过去的 20 年里，中央银行的适当角色、它们使用的框架以及它们认为可以合法使用的工具范围发生了很大的变化。有趣的是，这种变化发生在可能是它们最伟大的胜利之后，即控制通胀之后。是什么引发了这种重新思考？其后果是什么，有些可能是意想不到的？对金融稳定产生了哪些影响？这些是本章所要探讨的问题。

先来看一下我的答案，中央银行家们在全球金融危机中轻松地逃脱了，几乎没有受到任何指责，却获得了一种拥有非凡权力的光环，因为他们帮助解决了危机。然而，一个后果可能是公众更多地呼吁央行为普通大众服务。当中央银行随后持续未能达成其通胀目标时，要求它们协助经济活动的压力也随之增加。也许带有些许自负，中央银行并没有拒绝这些压力，也没有解释说它们所能做到的是有限的。相反，它们接受了挑战，并采取了一系列更广泛的干预措施，包括它们过去所回避的对资产和信贷市场的直接干预。

可以说，这些干预措施在实现中央银行的通胀目标方面帮助不大。相反，在财政支出增加、通胀而非通缩成为关键问题的环境下，它们使中央银行处于不利地位。此外，中央银行在此期间一直对金融稳定重视不够，这也使世界在应对未来冲击（包括气候变化带来的冲击）时处于不利地位。中央银行试图做太多事情，在这个过程中，它们不仅在其基本责任——价格稳定——方面妥协，还加剧了金融不稳定。总之，本章呼吁中央银行回归本位，重新评估其目标和工具的使用。

● 中央银行思想近期演变的简史

美联储的行动，无疑受到学术界和其他中央银行行动的影响，广泛框定了中央银行思想的共识。毕竟，正是保罗·沃尔克（Paul Volker）决心将短期名义利率推到很高的水平，并保持这一水平直到通胀下降，才击退了美国的通胀，提高了美联储作为"反通胀斗士"的信誉，并促成了名义利率几十年的下降。Kydland 和 Prescott（1977）关于政策时间不一致性和承诺之必要性的理论，以及 Rogoff（1985）关于如何通过一个独立的、关注通胀的中央银行来实现这种承诺的论点，为中央银行的独立性提供了论据。而新西兰储备银行则在 1990 年成为第一家正式采用通货膨胀目标制的中央银行，这一做法随后在全球范围内推广开来。与此同时，Taylor（1993）用一个简单的模型描述了中央银行的行为，这个模型后来成为评估中央银行在对抗通胀方面是领先还是落后的标准。事实上，全球通胀显著下降，以至于 Rogoff（2004）认为，这不能仅仅归因于中央银行的独立性和政策，他推测全球竞争也一定起了作用。

尽管如此，随着通胀在长期内保持平静，中央银行不再需要定期提高利率。正如 Borio（2014a）所指出的，这使得金融周期——资产价格和杠杆不健康的相互关联的增长——得以在更长的时间内以更大的幅度上演。在本章中，我认为更宽松的货币政策可以通过许多渠道启动并推动这样的周期。例如，随着利率下降，长期增长预期在资产估值中的占比越来越大。由于几乎没有什么可以锚定这种预期，可能会出现广泛的估值分布。更乐观的潜在买家会通过借贷购买更多的长期资产。[①] 他们的财富因利率下降而进一步增加，使他们在设定资产价格方面有更大的影响力。因此，持续低位

---

① 参见 Geanakoplos（2010）的相关模型。

且不断降低的通胀率可能伴随着乐观的资产价格、杠杆，以及价格和杠杆修正时的金融稳定性风险。

1996 年底，时任美联储主席艾伦·格林斯潘几乎竭尽坦露作为一名中央银行家所能说的，他认为股价被高估了，并且美联储可能会在制定货币政策时考虑这一点。[①] 然而，他在 12 月 5 日于美国企业研究所（American Enterprise Institute）发表的警告，即题为"非理性繁荣"的演讲，被市场忽视了——而市场是对的。美联储没有采取行动，或许是因为他的演讲引发了激烈的政治反应，令美联储有所顾虑。美联储眼睁睁地看着股价在互联网繁荣时期继续上涨，甚至在 1998 年俄罗斯债务违约和对冲基金长期资本管理公司（Long-Term Capital Management）倒闭后降息。

当美国股市在 2000 年最终崩盘时，美联储通过降息应对，确保了衰退是温和的，即使随后就业增长乏力。在 2002 年堪萨斯城联储的杰克逊霍尔会议上的一次演讲中，艾伦·格林斯潘表示，尽管美联储无法识别或阻止资产价格的繁荣，但可以"减轻其发生时的影响，并有望能平稳过渡

---

① 参见 Greenspan（1996）。

到下一轮扩张"。[1] 他的演讲似乎是在事后解释为什么他在 1996 年的先见之明上没有采取更有力的行动。他现在的意思是，美联储不应在认为资产价格过高时干预，但可以在泡沫破裂时识别出来并收拾残局。考虑到通胀平静，由此产生的货币政策是不对称的。美联储在经济繁荣时几乎不采取除了正常化利率之外的行动，但在经济活动（以及并非巧合地）资产价格低迷时采取越来越激进的行动来支持经济。实际上，美联储向交易员和银行家提供了一个"看跌期权"，如果他们集体押注相似的东西，美联储不会限制他们的上行空间，但如果他们的赌注变坏，美联储将限制他们的下行空间。

显然，没有哪个中央银行想要这样的不对称激励，但由于只有一个利率工具，中央银行认为它们无法同时实现货币和金融稳定。因此，只能通过一套往往定义不清的宏观审慎政策来抑制风险承担。对于央行强大的货币政策制定部门来说，将这项棘手的任务委托给他人是方便的。但这对系统而言是危险的。首先，如 Kohn（2015）所指出的，即使在今天，美联储也没有一个负责宏观审慎的中央机构。这一点尤

---

[1] 参见 Greenspan（2002）。

其成问题，因为宏观审慎监管在政治上是一项困难的任务，它要求在风险承担者尝到甜头并变得更有影响力时，对风险承担加以约束。当责任分散时，很容易将行动留给他人。其次，如 Stein（2013）指出的，金融系统的许多领域受到的监管很轻，甚至没有监管。宏观审慎监管在这些领域几乎没有效果。货币政策的价值在于"它能渗透到所有缝隙中"。

尽管如此，2007—2009 年的全球金融危机还是证明了这种责任分散的系统并不奏效。毫无疑问，自那时以来，银行监管有了显著改善，银行受到的监督、资本化和激励都比金融危机前要好很多。然而，金融体系外围的非银行机构，也被称为"影子银行体系"，受到的监督或监管仍然要少得多，风险往往迁移到那里，并且周期性地回到银行系统中——如最近的 Archegos 或 Greensill 等危机所证明的那样。随着加密货币、稳定币和去中心化金融的兴起，不受监管的影子银行的规模和复杂性只增不减。

进一步抵消全球金融危机后银行监管加强的是，全球金融危机后，各国央行未能实现其通胀目标，因此面临更大的压力，需要在货币政策上采取激进的宽松政策。例如，在美国，美联储偏好的度量标准——个人消费支出（PCE）通胀率，在 2012—2020 年间平均约为 1.4%，低于 2% 的目标。政策利率处于零下限似乎不能起到作用。在政治方面，在低增长时期，央行面临的压力也在增加。如果中央银行未能实现其目标，那么一定是因为它没有实施某种刺激措施，或者说，人们会这样认为。正如欧洲央行在 2010—2013 年间意识到的那样，采取行动的压力也可能来自汇率升值，因为其他中央银行找到了新的、创新的方法来放松融资条件。

但是，中央银行家也并没有否认他们对过低通胀的责任，这可能是因为他们担心如果声称自己已经竭尽全力，就会失去信誉。他们似乎总是暗示自己有更多工具来推高通胀，即使在屡次失败之后也一样。事实上，人们可以在他们对财政政策和改革无效以及货币政策是"唯一的选择"等感叹中发现一丝自鸣得意。但是，虽然沃尔克教会了各国央行如何降低通胀，却没有明显的手册告诉他们如何重新提高通胀，特别是在名义利率已经为零且财政政策受限的情况下。

● 全球金融危机后货币政策有何变化？

在全球金融危机之后，随着利率降至零，进一步的非常规货币干预采取了三种大致的形式：修复市场、改变资产价格和定向信贷计划。所有这些的核心是中央银行更愿意干预市场。

修复市场

在全球金融危机期间，许多金融市场崩溃了。其中一些是由于缺乏信心，一些是由于缺乏流动性，还有一些是因为关键参与者资本不足。当然，也有一种可能是，由于发行人资不抵债，一些正在交易的金融合约一文不值。然而，中央银行试图通过干预来改变人们的看法并形成良性循环。它们的期望是，通过中央银行对金融市场的支持所恢复的公众信心，加上通过购买注入的流动性，使市场参与者再融资，增加他们的参与，并恢复资产市场的资产价值和交易量。在第一轮量化宽松中，美联储投资于混乱的抵押贷款支持证券市场，而欧洲央行则通过其 OMT 政策支持外围政府的主权债券。① 很难说中央银行是否改变了人们对市场基本面的看法，

---

① 如时任欧洲央行行长 Mario Draghi（2012）所说："在我们的职责范围内，欧洲央行准备采取一切必要措施来维护欧元。而且，相信我，这就足够了。"的确，这一声明似乎已经足够，欧洲央行实际上并未采取任何 OMT 行动。

或者是否引起了人们对其赋予这些市场的隐性看跌期权的关注。无论如何，这些干预似乎将交易量和价格恢复到了更正常的水平，确保了它们在未来工具箱中的地位。

改变资产价格

货币政策部分通过对短期利率走势发出信号，从而影响长期利率，来发挥作用。在政策利率为零且几乎没有进一步降低空间的情况下，中央银行将寻找其他方法来更直接地影响长期利率。一种方法是通过宣布的购买长期政府债券计划来扩大央行的资产负债表，目的是压低长期利率。目前还不清楚这种方法发挥作用（如果它确实发挥了作用的话）的原理是通过从私人手中取走长期资产并迫使私人投资组合购买更多长期资产来再平衡，还是通过承诺只要中央银行购买长期资产，政策利率就不会上调。[1][2] 日本银行等其他中央银行实施了"收益率曲线控制"，即通过直接购买或出售特定债券（如十年期债券）来保持其收益率在目标水平。尽管这种干预对长期利率的影响更加明显，但没有确凿证据表明这

---

[1] 参见 Tobin（1969）。

[2] 参见 Krishnamurthy and Vissing-Jorgensen（2011）。

些努力有助于促进实际投资或经济活动。

当然，各种形式的量化宽松与过去已名誉扫地的中央银行直接为所属的政府融资的做法之间存在相似之处。货币经济学家曾对此表示反对，因为中央银行本质上为政府提供了一个"软预算约束"，这被证明是通胀性的。中央银行的独立性要求它们停止直接为政府融资。新的央行资产购买计划之所以区别于过去名誉扫地的计划，原因在于其表面装饰与当时的特殊情况。表面装饰是指中央银行通常在二级市场购买，而不是直接从政府购买，尽管一旦宣布计划，市场便预期到这些购买，这实际上是没有区别的。然而，在全球金融危机后，情况与中央银行为政府债务融资出现问题的典型情况有所不同。利率处于零下限，发达国家政府通常不缺钱，因此中央银行融资对其预算并非关键。

我之所以说"通常"，是因为欧洲外围国家确实资金紧张。随着新冠疫情的暴发，更多政府也面临这种情况，中央银行在弥补政府融资缺口方面发挥了关键作用。

定向信贷计划

新工具包中的另一项内容是中央银行参与为任何符合特

定条件的银行信贷提供廉价再融资——向中小企业、家庭提供贷款，有时甚至是任何贷款扩张。再一次，这种对银行信贷的廉价再融资恢复了央行抛弃的旧做法，它们曾经认为定向信贷扭曲了资本市场的运作，并可能导致资源由政治而非市场配置。与全球金融危机后经济衰退的严重性相比，对扭曲和政治化的担忧似乎显得微不足道。2020 年 3 月新冠疫情暴发后，定向信贷计划再次恢复并扩大。

● **这些政策是否奏效？**

从狭义上讲，一些非常规货币政策似乎发挥了作用，实现了一些既定目标。例如，抵押贷款支持证券市场恢复了。Di Maggio、Kermani 和 Palmer（2020）表明，在所谓的第一轮量化宽松中，美联储的抵押贷款支持证券购买使再融资增加，抵押贷款支付减少，相关的消费增加。再说一次，抵押贷款支持证券市场恢复是因为中央银行恢复了信心（好事），还是因为它向市场提供了长期看跌期权（不太好），还不太清楚。

中央银行的行动并不总是如预期般奏效。Acharya 等（2019）的研究表明，当欧洲央行行长马里奥·德拉吉（Mario

Draghi）通过宣布 OMT 提高欧洲外围主权债券的价值时，持有更多该债券的银行增加了放贷。它们获得的有效再融资似乎释放了贷款约束。然而，Acharya 等（2019）认为，许多新增贷款流向了经济上无法成功的"僵尸"企业，这些企业的持续融资和生存可能拖累了工业的复苏。即使是有针对性的支持，中央银行的积极行动也通常是间接发挥作用的。例如，Grosse-Rueschkamp、Steffen 和 Streitz（2019）认为，欧洲央行购买公司债券降低了符合条件的公司的收益率，使它们能够通过发行债券偿还银行债务，从而使银行能够向风险更高的公司放贷。

当然，也有证据表明中央银行的行动如预期般奏效。例如，Foley-Fisher、Ramcharan 和 Yu（2016）提供了证据表明，美联储的期限延长计划［也称为"扭曲操作"（Operation Twist）］使依赖长期债务的公司能够发行更多长期债务，从而扩大就业和投资。

尽管有这些积极的微观证据，但这些新中央银行工具的更广泛的宏观影响（包括对实际活动的影响）则难以辨别。Fabo 等（2021）研究了 54 项关于量化宽松对美国、英国和欧元区产出和通胀影响的研究。虽然中央银行家的研究论文通常报告量化宽松对产出有统计意义上的显著影响，但只有一半的学术论文得出了这样的结论。有趣的是，作为极少数反对量化宽松的央行之一，德国央行的研究发现，量化宽松对产出的正面影响甚至比学术论文描述的还要小。虽然不应断言央行的研究一定有偏颇，但特定假设能推动结论的事实表明证据相当嘈杂，即新政策工具未能提供压倒性的有效性证据。[①]

那么，为什么中央银行会接受这些工具呢？工具的性质表明，全球金融危机后，中央银行对市场有效运作的信心大大降低。也许市场的"非理性繁荣"之后是非理性悲观，资产价值显著低于真实基本面。如果是这样，中央银行可以利用其资产负债表来纠正这种错误看法。当然，总是存在这样的危险，即估值改变不是因为市场认识到真实的基本面，而是因为中央银行的干预改变了基本面。如果最终真实的基本面趋同于中央银行改变的基本面，那么中央银行可能确实提供了一项有价值的服务。但如果没有趋同，我们意识到这一点时就为时已晚——此时中央银行已经没有能力进一步扩展

---

① 参见 Cochrane（2018）；Greenlaw et al.（2018）。

其资产负债表来兑现其或有担保。换句话说，今天的一个关键问题是，中央银行是否通过其新工具诱发了市场的依赖，并因此将自己的行动与市场表现挂钩？

● 改变框架

在后金融危机的低通胀环境中，美联储不仅采用了非常规工具，还着手改变其框架，以改变公众预期。本质上，通过承诺在中期内对通胀更加宽容，美联储认为它在发出利率将"更长时间较低"的信号时会更具可信度，即使面对的是更高的通胀率；从而允许通胀预期上升。换句话说，美联储不得不牺牲一些来之不易的对抗高通胀的信誉，以应对低通胀问题。

美联储新框架的一个关键要素是，它将不再先发制人地抵御通胀。相反，它将审时度势，作出反应。[1] 旧的美联储信条——如果你正盯着通胀的眼睛，那就已经太晚了——被摒弃了。相反，美联储将关注通胀的上升，直到它弥补过去通胀的不足，使平均通胀接近目标。由于计算平均值的时间

---

[1] 例如参见 Levy and Plosser（2022）；Plosser（2021）。

段没有确定，美联储可以允许一段时间的较高通胀而不会被批评为落后于形势。货币政策可以有更多的自由裁量权，可以用于实现更广泛的就业目标，即不仅失业率要低，而且就业要广泛且包容。由于少数族裔不幸地是最后被雇用的，这意味着美联储可能会容忍比过去更紧的劳动力市场。最后，美联储的就业目标也变得更加不对称：不再仅仅是最大限度地减少偏离最大就业的情况，而是现在只关注短缺，由现在更为宽松的通胀目标来应对过度紧张的劳动力市场。

自由裁量权不是很好吗，尤其是对一个非政治性的专业组织来说？也许是的，但当环境发生了框架预想之外的变化，且变得更加政治化时，情况可能不是这样。我现在就要论证这一点。

● 发生了什么变化？

中央银行对于过去几十年的低通胀环境只负有部分责任。部分责任还在于影响需求和供给的更深层次的结构性力量，如全球化、人口老龄化和发达国家内部日益加剧的收入不平等。但是，这些因素也在发生变化。

新冠疫情前一个重要的事态发展是全球贸易和投资面临越来越多的阻碍。以前，随着新兴市场的崛起，更多的工人从低生产率的农业转移到工业和服务业，从而创造了一个真正的全球商品和劳动力市场。竞争的加剧降低了商品价格和工资水平，但正如 Rogoff（2004）所言，更持久的影响（这对中期通胀很重要）是，竞争的加剧减弱了中央银行通过提高通胀来促进增长的动机。然而，随着世界上最大的两个经济体之间的贸易和投资争端日益加剧，边界不再像以前那样天衣无缝。因此，即使在新冠疫情前，抑制通胀的条件也在改变。

新冠疫情进一步改变了这些条件。除了对生命和生计造成广泛而悲剧性的损失，新冠疫情还扰乱了商品、服务和劳动力市场。短期的干扰会消退，而是否会对公众的通胀预期产生持久影响还难以判断。然而，新冠疫情可能通过多种渠道产生更持久的影响。它显然改变了个人和公众对低薪、低福利、不稳定工作的态度。这些工作通常在疫情前线，与人接触多、工作时间长、工作灵活性低。不仅工人不愿回到这些工作岗位，公众也更支持为这类工作提供更高的薪酬和福利。总体来说，在后新冠疫情环境中，工资需求更有可能得到满足。

新冠疫情还增加了公众对尾部事件可能性的认知，增强了其应对气候变化的政治意愿。这意味着新投资的成本更高、对排放的完全定价，以及遵守更严格的法规。当然，这些措施是必要的。但如果企业将更高的成本转嫁出去，这些成本可能会源源不断地产生，而非一次性的，它们也会对通胀产生推动作用。

相较于对全球金融危机的应对，新冠疫情期间最大的变化可能出现在财政政策方面。各国政府大幅增加了财政支出，可能的原因有很多。其中包括政策制定者必须迅速行动、在严重分裂的政体中需要通过广泛分配利益以达成共识，以及扩大财政赤字的政治压力——可能是由受人尊敬的经济学家所推动的，他们（向政客们）传达的简讯似乎是，在当前的利率水平下，发达国家可以显著承受更多的债务。无论如何，其结果是大量资源向私人部门（即家庭、企业和银行）转移。在美国，个人可支配收入在新冠疫情期间上升了，而破产率却下降了，这在表现为经济衰退的现象中也是第一次。现金储蓄和被压抑的需求达到了非同寻常的水平。由于最初的商品消费下降，供应链变得瘫痪。但如果央行按照其职责行事，这一切不一定意味着持续的通胀。然而，央行不会简单地采取旧的沃尔克式反通胀策略，这是有原因的。

● 政策正常化的阻碍

在过去，当前的通胀水平会促使央行行长挺起肩膀，坚定地对着电视镜头说"我们讨厌通胀，我们会扼杀它"——或者类似的话。但现在，他们更有可能为通胀找借口，向公众保证它会自行消失。显然，全球金融危机后长时间的低通胀在中央银行家们的心里留下了深刻的印象。现在显而易见的危险是，他们可能在用旧办法应对新问题。此外，即使他们没有落入这个陷阱，央行内部和更广泛的政策制定环境中的结构性变化也会使中央银行家们比过去更不愿意提高利率。让我们以美联储为例来看看原因。

框架主导

如前所述，美联储改变了其框架，以允许其政策在更长时间内保持宽松，因为美联储认为自己处在一个结构性需求低迷和通胀疲弱的时代。讽刺的是，就在经济体制本身发生变化的时候，美联储可能给了自己更大的灵活性。

但更大的灵活性难道不应该为决策者提供更多选择吗？不一定。在当前的情境下，美国国会刚刚花费数万亿美元，创造了金钱所能买到的最佳的经济复苏。试想一下，如果美联储现在不充分发挥其灵活性，而是通过提高利率使经济陷入困境，美国国会的愤怒是可以预见的。换句话说，明确的通胀目标框架的好处之一是中央银行有政治保障，可以对通胀上升迅速作出反应。随着框架的改变，这一点已不复存在。因此，几乎可以肯定的是，通胀会更多，且会持续更长时间。事实上，采纳新框架——在一个现在看来非常不同的时代——正是旨在达成这种结果。

市场主导

但限制美联储行动有效性的不仅仅是新的框架。资产市场预期宽松的货币政策和金融条件将在未来无限期持续，并在大量借贷的支持下蓬勃发展。市场参与者，无论是对还是错，都相信美联储是其后盾，会在资产价格下跌时放弃加息。

这意味着，当美联储采取行动时，它可能不得不提高利率以使金融条件正常化，这意味着当市场参与者最终意识到美联储是认真的时候，市场作出负面反应的风险更高。再说一次，加息对经济和美联储声誉的负面风险相当大。

财政主导

让央行独立于政府的初衷是确保它们能够可靠地对抗通胀，而不是迫于压力直接为政府的财政赤字融资，或通过放缓加息步伐来维持政府的低借贷成本。然而，现在美联储持有 5.6 万亿美元的政府债务，由来自商业银行同等规模的隔夜借款融资。

当利率上升时，美联储自身将不得不开始支付更高的利率，减少其向政府支付的股息，并增加财政赤字规模。此外，美国政府债务约占其 GDP 的 125%，其中很大一部分是短期债务，这意味着利率上升很快就会体现为更高的再融资成本。这是美联储过去不必关注的一个问题——加息对政府债务融资成本的影响——但现在将成为焦点。

因此，即使通胀压力上升，央行也倾向于比过去等待更长时间，看看通胀是否会自行消失。如果 2008 年后的情景重演，如果新的病毒变体削弱了增长，或者一些新兴市场向全球经济传递通缩冲击，那么等待将是正确的决定。否则，对当前央行行动的阻碍将意味着更多、更持久的通胀，以及更长时间的抗击通胀。问题在于，在解决低通胀问题的同时，长期的货币宽松和对金融稳定的关注减弱，加剧了金融周期，并增加了货币紧缩给金融稳定带来的风险。

● 长期宽松政策的风险

经济体系已经习惯了货币非常宽松的时期。当央行们确实克服了我们刚才讨论的障碍，开始政策正常化时，会有哪些风险？

未经考验的金融创新

自全球金融危机以来，金融创新层出不穷——事实上，主流的加密货币比特币就是在雷曼兄弟破产后作为法定货币的替代品而被构想出来的，因为人们无法相信中央银行家们能够抵御通过通胀来稀释货币价值的诱惑。创新型金融资产已经有了显著的估值和市场份额，但尚未经过严重的经济衰退或货币政策正常化的考验。

我们最终会知道许多问题的答案。例如，在经济衰退中，信贷是否会因为数据替代抵押品而变得更加可得，还是会因为大家都使用相同的数据和算法来避免高风险信贷而变得更加不均衡？在估值焦虑加剧的时期，稳定币会不会遭遇传统的银行挤兑？在严重的经济衰退中，贷款损失将如何形成，贷款平台和"先买后付"计划的回收会有多容易？高频交易在那时会如何影响价格，谁会提供市场做市服务？所有的答案都不太可能令人安心。

金融创新还可以加速资本流动，从而增加传统的脆弱性来源。例如，在利率上升时期，由于加密货币为绕过资本管制提供了新的有效渠道，宏观经济指标和银行体系较弱的国家可能会出现比过去更多的资本外流。

问题的关键在于，自全球金融危机以来，影子金融系统不断壮大，而监管者仍在使用电子表格和 PDF 文件。他们需要在理解金融创新和如何监管它们方面大步前进，包括使用技术进行监管。[①] 货币环境的变化会使他们措手不及。

资产价格居高不下

低利率时期会激发养老基金等持有固定名义负债的市场

---

① 参见 Coeure（2021）。

参与者寻求收益。[①] 资产价格上涨，尤其是创新型"另类"资产类别的价格上涨，会使资产管理者害怕错过良机。关于未来使用价值的叙述，尤其是那些目前难以证伪的叙述，会使某些长期资产在以较低的长期利率贴现时被赋予很高的价值。例如加密货币，其本质上是长期的零息债券，其价格建立在它们将主导支付或成为新的"黄金"的希望上。当利率上升时，这些资产的价值会如何调整？考虑到它们的价值在好的时候累计超过 2.5 万亿美元，这个问题并非无足轻重。再比如，一家科技公司在可预见的未来都将亏损，其估值却达到天文数字水平，毕竟亚马逊也曾长期亏损，它的估值又将如何变化？

正如前文所述，高资产价格可能会使中央银行在取消宽松政策时面临更大的挑战。如果市场相信中央银行在资产价格下跌时会暂停或逆转自己的政策，那么它们可能会简单地忽视政策利率上升的威胁。然而，一旦市场认识到中央银行决心取消宽松政策，价格反应可能会非常显著。

资产价格波动是否会引起实体部门的巨大波动，关键在

---

① 例如参见 Rajan（2006）。

于金融杠杆的作用。正如我们在第 2 章中所看到的，资产价格的高水平既是高杠杆率的原因，也是高杠杆率的支撑。

杠杆

自全球金融危机以来，各种形式的杠杆——私人、公共和市场杠杆，无论是显性还是隐性的——都在上升。例如，一个由被定罪的交易员经营的家族办公室 Archegos，能够从多家银行借到约为其规模五倍的资金，并且将这些资金押注于维亚康姆（Viacom）等少数股票上。[①] 这些目标公司本身就有杠杆，Archegos 持有的股票总回报掉期本身也是由保证金贷款提供资金的。在维亚康姆决定通过增发股票来利用其不切实际的股价时，Archegos 爆仓了。随着市场意识到这些股票可能被高估，Archegos 无法满足追加保证金要求，而银行为了保护自己的头寸进一步抛售股票，从而使 Archegos 的股价暴跌。高资产价格和高杠杆显然是一个不稳定的组合。

由借款实体的现金流支持的债务本质上更安全，尤其是长期借款。由资产价格支持的债务本质上更脆弱，却相当普

---

① 参见 Smith（2021）。

遍。在一个宽松政策导致长期利率下降的经济体中，资产价格的上涨增加了借款人的股权价值，使他们能够借到更多的钱。此外，正如我在第 2 章中所论证的，"其他健康的参与者将能够在当前借款人无力偿还时购买资产"这一预期，会赋予借款人更强的债务能力。债务能力不是来自借款人产生的现金流，而是来自贷款人在借款人违约时将相应资产出售给行业内其他参与者的更大能力。这个循环是良性的：更强的债务能力促成了对资产的更高出价，从而增加了行业内潜在买家的资产净值。

当然，当利率上升时，资产价格可能会下跌，这个循环可能变成恶性的——潜在买家的资产净值下降，使得潜在买家更无力以高价购买，从而降低了资产的债务能力。问题的严重性还在于，当基于资产预期销售价值的借款变得很容易时，借款人和贷款人都可能会忽视基础现金流，而在资产价格下跌时却需要它来偿还债务。在全球金融危机之前，向无收入、无工作、无资产的借款人发放的住房抵押贷款（"忍者贷款"）在房价暴跌时对贷款人造成了困扰，并且他们不再可能轻易出售收回的房屋来回收贷款。不难看出，在当今红火的私募股权交易市场上，也有类似的力量在起作用，这不禁让人对宽松政策结束后的情况感到担忧。

流动性依赖

中央银行不仅通过保持低利率，还通过扩展其资产负债表来实行宽松政策。相应地，商业银行持有的中央银行准备金也在扩展。通常，人们会认为，流动性很强的准备金的扩展应该会增加系统的流动性。然而，金融系统在2019年9月和2020年3月都经历了严重的流动性短缺，而那时的准备金量是金融危机前的四倍。

实际上，通过准备金提供的流动性创造了新的流动性需求，有时甚至超过了初始供给。[1] 具体来说，商业银行通过批发存款来为其持有的准备金融资，在压力时期这些存款可能转化为流动性索取权。它们还明确地出售承诺的信贷额度等流动性索取权。监管机构本身也希望银行保留流动资产以满足各种监管比率。最后，如果所有这些需求同时到期（而系统性压力往往会引发这种相关需求），一些银行会更倾向于囤积流动性，进一步加剧流动性短缺。当然，所有这些都

---

[1]　参见 Acharya and Rajan（2022）。

会给中央银行带来压力，要求其提供更多的流动性来缓解这种压力。要使金融系统摆脱这种流动性依赖并不容易，而中央银行资产负债表不断扩大的前景也令人担忧，部分是因为其对财政健康的影响。

资产负债表扩张与财政脆弱性

当中央银行购买长期政府债务并发行准备金时（例如，实施量化宽松时），它实际上缩短了中央银行/政府合并资产负债表上公众持有的债务的期限。原因如下：中央银行通过从商业银行借入隔夜准备金来为这些购买提供融资，并因此支付利息（也称为"超额准备金利息"）。从政府和中央银行（记住，中央银行是政府的全资子公司）的合并资产负债表来看，政府基本上是用放在银行系统中的隔夜准备金取代了其长期债务。因此，量化宽松使得政府债务有效期限持续缩短，并相应增加了（合并后的）政府和中央银行对利率上升的风险敞口。

这重要吗？考虑英国政府债务的15年平均期限。中位数期限较短，为11年，如果考虑到量化宽松驱动的期限缩短，仅为四年。因此，利率上升1个百分点将使英国政府的有效利息支付增加约 0.8% 的 GDP——英国预算责任办公室指出，这约占同期提议的中期财政紧缩措施的三分之二。当然，利率可能会增加远超过 1 个百分点。就美国而言，不仅未偿政府债务的期限比英国的短得多，美联储还持有其中的四分之一。

理想情况下，即使中央银行购买更多债务，政府也会延长其所发行债务的期限，从而保持未偿债务的平均有效期限不变。这种协调并未出现。更广泛的观点是，随着前文讨论过的公共借款的扩张，借款期限的缩短使经济体在利率上升时面临财政脆弱性的风险。

跨境溢出效应

核心储备国的宽松货币政策使资本跨境流向外围的资本输入国。当核心国家收紧货币政策时，资本就会回流。在新兴市场和发展中国家，信贷流动对美国货币政策的敏感度要高得多，且不成比例地集中于风险更高的新兴市场和其中风险更高的公司。[1] 如果资本输入国因其所处的经济周期阶段

---

[1] 参见 Brauning and Ivashina（2020）。

或借款的规模而没有准备好应对资本流出，压力便会跨境传递。第2章和第3章已经讨论了货币政策的溢出和溢回（资本输入国活动减少对核心国家的影响），这里我将仅限于指出这些效应可能是巨大的，我们需要考虑是否应将这些纳入货币政策设置中。

出路

那么，考虑到在一个依赖于持续宽松的系统中采取行动的障碍以及积极行动的成本，中央银行接下来该何去何从？显然，保持宽松，寄希望于通胀压力自行消退，是有诱惑力的选择。然而，在越来越多的证据表明需要采取行动的情况下，袖手旁观最终将是破坏性的，甚至可能更加糟糕。中央银行必须认识到新冠疫情在许多方面改变了世界，因此它们必须以数据为基础。同时，它们不能奢望等待确定性的到来。必须根据对不完整证据的最佳解释坚定行动，认识到积极和消极的危险。多年宽松政策积累的脆弱性不会消失，必须加以应对。但随着世界的发展，中央银行应该问问我们是如何走到这一步的。

民粹主义与中央银行

民粹主义意味着对精英机构、其目标以及其操作决策的不信任。根据民粹主义煽动者的说法，艰难的政策选择是精英的阴谋，意在让精英们中饱私囊，同时让大众承受痛苦。中央银行是最精英的机构，由来自精英机构的顶尖经济学家组成，他们使用的术语只有少数人能理解。中央银行很容易被煽动者讽刺。

因此，至少有两种看待近年来中央银行行动的方式。它们的行动可以被视为对顽固的通缩环境的值得称赞的反应。未经尝试的非常规货币政策是履行其任务的勇敢尝试。对金融稳定的忽视部分是由于中央银行的工具有限，而恢复增长更为重要。这是大多数中央银行家信奉的解释。

然而，还有一种不同的判断，或许可以追溯到格林斯潘主席试图说服市场降温的失败尝试。这种观点认为，每当需要采取强硬政策以履行其对货币和金融稳定的责任时，中央银行总是退缩，因为它们试图在一个日益分裂的政体中保留公众的支持。虽然中央银行表面上是独立的，但它们的一些政策与过去早已放弃的干预主义政策相似，这并非巧合。在这种描述中，中央银行变得更加政治化，与其所在社会的变化保持一致。真相可能介于两者之间。

显然，由于它们的新工具，中央银行使经济体更加依赖于它们的行动。然而，只有时间才能证明，这些新工具是有助于宏观稳定，还是创造了新的波动源。可以肯定的是，这使得良好的中央银行政策变得更加困难，即使它对经济繁荣变得更加重要。也许这正是中央银行家们所希望的！

我主张的改变是什么呢？几乎可以肯定的是，中央银行必须更加关注金融稳定。显然，它们需要加强对这方面的理解，以及其监督和监管能力。如果说它们在次级贷款风险积累时昏昏欲睡，那么在加密货币市场爆发式增长时，它们已陷入深度睡眠。在美国，宏观审慎责任需要被明确地分配给一个监管机构，该机构应发展监控和采取行动的能力，或督促相关监管机构采取行动。

更难的问题是，货币政策应该如何改变？我认为，通过在与公众沟通时更现实地看待货币政策的局限性及其对金融稳定的危害性，货币政策可以做得更多。不过，由于这是一个不断发展的辩论领域，或许最好以问题结束本章，并将我的答案留在结论部分。

需要回答的问题

（1）中央银行的通胀任务应该是什么？该任务是否应该认识到某些方面在某些特定条件下（例如，在通缩条件下较高的通胀）是难以实现的？

（2）中央银行对金融稳定应该承担什么责任？当价格稳定和金融稳定的目标发生冲突且宏观审慎工具可能无效时，中央银行应该如何选择？

（3）中央银行应该承担价格和金融稳定以外的更多责任吗？

（4）中央银行是否应该向公众解释其传统工具箱的局限性，即使存在削弱公众对中央银行的信任和其信誉的风险？

（5）何种新工具是被允许的？除了设定政策利率和拍卖流动性之外，中央银行还应在多大程度上干预市场运作？每次前所未有的干预后，中央银行的干预能力应该受到多大限制，以防市场对中央银行产生依赖？

（6）中央银行应该在多大程度上顺应公众意见？它们如何保留采取行动的能力，这些行动可能是长期增长和稳定所必需的，但在短期内可能导致不受欢迎的痛苦？

少即是多

当我写下这些时，我在上一章中提到的那种备受担忧的通胀已经到来。工业化国家的中央银行家们在公众眼中的地位大大下降。不久前，他们还是英雄，通过非常规货币政策支持疲软的增长，允许劳动力市场稍微过热以促进少数族裔的就业，甚至试图遏制气候变化，同时斥责瘫痪的立法机构去做更多。现在，他们被指责搞砸了最重要的任务，即保持低而稳定的通胀。政治家们嗅到了血腥气味和对未经选举的权力的不信任，想要重新审视中央银行的任务。中央银行真的全错了吗？如果是，它们应该怎么做？在上一章中，我探讨了全球金融危机后的中央银行行动。我将在本章总结分析并得出政策含义。

● 中央银行家的理由

事后看来，当然，一切都是非常清晰的。新冠疫情是前所未有的，其对全球化经济的影响非常难以预测。财政应对措施或许会由于对立严重的立法机构无法就排除哪项达成一致而变得更为慷慨，也更难以预测。很少有人料到俄乌冲突会在 2022 年 2 月爆发，进一步扰乱供应链，导致能源和食品价格飞涨。

毫无疑问，中央银行家在应对通胀加剧的迹象时反应迟缓。部分原因是他们认为自己仍处于后金融危机的制度环境中，当时价格的每次飙升，即使是石油价格的飙升，也几乎没有影响整体价格水平。如第 4 章所述，为了提振过低的通胀，美联储甚至在新冠疫情期间改变了其框架，宣布将减少对预期的通胀反应，并在更长时间保持更宽松的政策。这个框架适用于需求结构性低迷、通胀疲弱的时代，但在通胀即将起飞，每次价格上涨都会推动另一个价格上涨时，却恰恰是错误的。然而，谁又知道时代正在改变 * 呢？

---

* 原文为"the times they are a-changing"，这同样也是鲍勃·迪伦的一首歌曲，这里是一语双关。——译者注

即使有完美的预见性——而实际上，他们并不比有能力的市场参与者更了解情况——中央银行家们仍可能落后于形势，这是可以理解的。中央银行通过减缓经济增长来冷却通胀。其政策必须被视为合理，否则就会失去独立性。随着各国政府花费数万亿美元来支持经济，就业刚刚从可怕的低谷中恢复过来，十多年来几乎察觉不到通胀，如果公众尚未将通胀视为一种危险，只有鲁莽的中央银行家才会提高利率以扰乱增长。换句话说，预防性的加息以减缓增长缺乏公众合法性——尤其是如果它们成功了且随后通胀没有上升。中央银行需要让公众看到更高的通胀，才能采取强有力的措施应对它。

总之，中央银行在不同方面受到束缚——近来的历史及其信念，它们为应对低通胀而采用的框架，当前的政治，这些因素也会互相影响。

• 反对的理由

然而，在此停止事后反思可能对中央银行过于宽容了。毕竟，它们过去的行动减少了回旋的余地，而且不仅仅是因为上述理由。特别是财政主导（即中央银行行动以适应政府的财政支出）和金融主导（即中央银行屈从于市场的要求）的出现。这些显然与中央银行过去几年的行动不无关系。

长时间的低利率和高流动性促使资产价格上涨和相关的杠杆增加。政府和私人部门都增加了杠杆。当然，新冠疫情和俄乌冲突推高了美国的政府支出。但超低的长期利率和被央行量化宽松等行动麻痹的债券市场也起了作用。事实上，有理由支持通过长期债务发行来融资的有针对性的政府支出。然而，提出支出主张的明智的经济学家们并没有对其建议发出充分的警告，而分裂的政治确保了唯一可以立法的支出对每个人都有好处。并且，当然，政治家们一如既往地借鉴那些不可靠但方便的理论（想想现代货币理论），这给予他们不受限制的支出许可。

中央银行通过购买由隔夜准备金融资的政府债务，从而缩短了政府和中央银行合并资产负债表的融资期限，进一步加剧了问题。这意味着随着利率上升，尤其是对于那些增长缓慢且负债累累的国家，政府财政问题可能会变得更加严重。财政方面的考虑已经对一些中央银行的政策产生了影响——例如，欧洲央行担心其货币行动对"市场分割"的影响，即财政较弱国家的债务收益率相对于财政较强国家的债务收益率大幅上升。至少，中央银行应认识到政治的本质在不断变化，这使得在应对冲击时无节制的支出更有可能出现，即使它们没有预见到这些冲击。这可能会让它们更加关注压低长期利率并提倡"长期低"政策利率。

私人部门也增加了杠杆，无论是家庭层面（想想澳大利亚、加拿大和瑞典）还是企业层面。但还有一个新的、很大程度上被忽视的问题——流动性依赖。[①] 由于美联储在量化宽松期间抽走了准备金，商业银行主要通过批发活期存款为这些准备金融资，这实际上缩短了其负债的期限。此外，为了从其资产负债表上的大量低回报储备中获取收入，它们向私人部门提供了各种流动性承诺——承诺信贷额度、投机头寸的保证金支持（想想银行为流氓基金 Archegos 的投机头寸承担了多少责任），等等。问题在于，当中央银行缩减其资产负债表时，商业银行很难迅速解除这些承诺。私人部门变得更加依赖中央银行以维持流动性。我们在 2022 年 10 月的英国养老金动荡中首次看到了这一点，中央银行的干预和

---

① 参见 Acharya et al.（2022）。

政府在其奢侈的支出计划上的反悔使这一危机得以化解。然而，这一事件表明，依赖流动性的私人部门可能会影响中央银行缩减其资产负债表以减少货币宽松的计划。

高资产价格、高私人杠杆和流动性依赖表明，中央银行可能面临金融主导——货币政策对金融发展（如金融资产价格暴跌）而非通货膨胀作出反应。无论美联储是否打算被主导，当前私人部门预测美联储将被迫迅速降低政策利率，这使其在取消货币宽松方面的任务变得更加困难。美联储将不得不在比它希望的更长的时间里保持严格政策，这意味着对全球活动的更大不利影响。这也意味着当资产价格达到新的均衡时，家庭、养老基金和保险公司都将遭受重大损失——而这些通常不是从价格上涨中受益的实体。官僚管理的、不成熟的和相对贫穷的人在资产价格繁荣的末期被卷入，造成麻烦的分配问题，而中央银行对此负有一定责任。

最后，储备国中央银行政策会产生影响但其行动后果非常有限的一个领域是外部溢出效应（见第 3 章）。显然，核心储备国的政策会通过资本流动和汇率变动影响到外围国家。外围国家不得不作出应对，无论这些政策行动是否适合其国内情况，否则将面临诸如资产价格暴涨、过度借贷和最终的债务危机等长期后果。我稍后会回到这个问题。

总的来说，中央银行虽然可以辩解说它们对最近的事件感到惊讶，但在某种程度上也限制了自己的政策空间。它们的不对称和非常规的货币政策，表面上是为了应对政策利率触及下限，却引发了各种失衡，这不仅使得对抗通胀变得更加困难，还为世界带来了新的问题。中央银行不是无辜的旁观者，它们在引发全球金融危机中的作用没有得到充分强调，这让它们有了行动的自由，导致了新的脆弱性。

● 接下来会发生什么？

那么，接下来会发生什么？中央银行家们对如何对抗高通胀非常熟悉，并且拥有应对的工具。他们应该被允许自由地开展工作。现在不是评估中央银行运作的时机。

但是，当中央银行成功地降低通胀时，我们可能会回到一个低增长的世界。很难想象有什么办法可以抵消人口老龄化、新兴市场经济增长放缓以及一个多疑的、多极化的、去全球化的世界的阻力。那个低通胀、低增长的世界是中央银行家们不太了解的。中央银行在金融危机后使用的工具，如量化宽松，在促进增长方面并不特别有效。[1] 此外，激进的央行行动可能会引发更多的财政和金融主导。

● 根本矛盾

所以，当一切平静下来时，中央银行的任务应该是什么样的？在应对气候变化或促进包容性方面，中央银行的政策只有间接的影响。实际上，这些都是政府的任务。中央银行不应该以政府瘫痪为借口去介入。

但是它们的任务和货币政策框架又是什么样的呢？前面的讨论表明，中央银行面临一个根本的矛盾。迄今为止，人们认为中央银行需要一个框架——例如，一个通胀目标框架，承诺将通胀水平保持在一个范围内或围绕一个目标对称。然而，正如国际清算银行总经理奥古斯丁·卡斯滕斯（Agustin Carstens）所言，低通胀体制可能与高通胀体制截然不同。[2] 根据所处的体制环境，央行的框架可能需要调整。在低通胀体制下，无论价格受到什么冲击，通胀都不会从低

---

[1]　例如参见 Fabo et al.（2021）。
[2]　参见 Carstens（2022）的讲话。

水平移动，它们可能需要承诺在未来对通胀采取更宽容的
态度，以便在今天提高通胀水平。换句话说，正如保罗·克
鲁格曼（Paul Krugman）所说，它们必须承诺理性地不负责
任。这意味着采取的政策和框架实际上束缚了它们的手脚，
使它们得以承诺长期保持宽松。然而，正如前面所说的，这
可能会引发体制的改变，例如通过放松财政约束。

相反，在高通胀体制下，每次的价格冲击都会推动更
多的通胀，中央银行需要强有力地承诺尽早消除通胀，遵循
"如果你正盯着通胀的眼睛，那就已经太晚了"的准则。低
通胀体制下所需的框架驱动的（framework-induced）承诺与
高通胀体制下所需的框架驱动的承诺是不相容的。但是中央
银行不能简单地根据环境变化来调整框架，因为这样会失
去承诺的力量。它们可能需要选择一个适用于所有体制的
框架。

● **选择框架**

如果是这样，风险平衡表明它们应该重新强调其对抗高
通胀的任务，使用利率政策等标准工具。如果通胀过低呢？

也许我们应该像对待病毒一样学会与之共存，避免使用像量化宽松这样的工具，这些工具对实际活动的正面影响存疑；扭曲了信贷、资产价格和流动性；并且难以退出。可以说，只要低通胀没有陷入通缩螺旋，中央银行就不应该过分担心。几十年的低通胀并没有减缓日本的增长或降低其劳动生产率，这些应该更多地归因于人口老龄化和劳动力萎缩。

中央银行可能还需要一个更强的授权来维护金融稳定——正如我们所看到的那样，长时间的低通胀会助长资产价格上升，因而导致杠杆上升。不幸的是，尽管货币理论家认为金融稳定最好通过宏观审慎监管来解决，但迄今为止这已被证明效果不佳——正如加密货币泡沫和房价飙升所证明的那样。那么，如何对其政策的外部后果负责呢？央行和学术界应该开展对话，正如第3章所建议的那样。不过，目前而言，重新关注对抗高通胀，同时保持金融稳定可能就足够了。

这些双重任务会不会使世界陷入低增长的境地？不会，但它们会将促进增长的责任重新放回私人部门和政府的肩上，这是属于它们的责任。更加专注和更少干预的中央银行可能会带来比我们现在所处的高通胀、高杠杆、低增长世界更好的结果。对于中央银行来说，少即是多。

　　一些后话。当我完成本书校对时，我所担心的金融部门脆弱性已经开始显现。美国有两家中型银行倒闭，所有银行存款都得到了隐性担保，美联储开始根据合格证券的面值发放贷款，而瑞士一家大型银行在政府担保的支持下匆忙与另一家银行合并。我所警告的金融不稳定性就在我们身边。在美国，美联储和财政部正在干预以平息动荡。希望不稳定性能得到控制，但现在下结论还为时过早。所有这些表明，本书中所表达的担忧是非常现实的。如果我们想要恢复强劲、公平和可持续的增长，我们必须重新思考中央银行的政策。

参考文献

Acharya, Viral, Rahul Chauhan, Raghuram Rajan, and Sascha Steffens, 2022. Liquidity Dependence: Why Shrinking Central Bank Balance Sheets Is an Uphill Task, paper presented at the Federal Reserve Bank of Kansas City's Jackson Hole Symposium, Jackson Hole, WY, 27 August.

Acharya, Viral, Tim Eisert, Christian Eufinger, and Christian Hirsch, 2019. Whatever It Takes: The Real Effects of Unconventional Monetary Policy. *Review of Financial Studies* 32 (9): 3366–3411.

Acharya, Viral, and Raghuram Rajan, 2022. Liquidity, Liquidity Everywhere, Not a Drop to Use: Why Flooding Banks with Central Bank Reserves May Not Expand Liquidity, NBER Working Paper 29680.

Adrian, Tobias, and Hyun Song Shin, 2010. Liquidity and Leverage. *Journal of Financial Intermediation* 19:418–437.

Adrian, Tobias, and Hyun Song Shin, 2012. Procyclical Leverage and Value-at-Risk, Federal Reserve Bank of New York Staff Report 338. http://www.newyorkfed.org/research/staff_reports/sr338.html

Alter, Adrian, and Selim Elekdag, 2020. Emerging Market Corporate Leverage and Global Financial Conditions. *Journal of Corporate Finance* 62:101590. https://doi.org/10.1016/j.jcorpfin.2020.101590

Barroso, Joao, Luis Pereira da Silva, and Adriana Sales, 2016. Quantitative Easing and Related Capital Flows into Brazil, Measuring Its

Effects and Transmission Channels through a Rigorous Counterfactual Evaluation. *Journal of International Money and Finance* 67:102–122.

Baskaya, Yusuf Soner, Julian di Giovanni, Sebnem Kalemli-Ozcan, and Mehmet Fatih Ulu, 2022. International Spillovers and Local Credit Cycles. *Review of Economic Studies* 89 (2): 733–773.

Becker, Bo, and Victoria Ivashina, 2015. Reaching for Yield in the Bond Market. *Journal of Finance* 70 (5): 1863–1902.

Bergant, Katharina, Prachi Mishra, and Raghuram Rajan, 2023, Cross-border Spillovers: How US Financial Conditions affect M&As Around the World, working paper, University of Chicago.

Bernanke, Ben S., 2015. Federal Reserve Policy in an International Context, paper presented at the 16th Jacques Polak Annual Research Conference, IMF, Washington, DC, 5–6 November.

Bernanke, Ben, Vincent Reinhart, and Brian Sack, 2004. Monetary Policy Alternatives at the Zero Lower Bound: An Empirical Assessment. *Brookings Papers on Economic Activity* 2004 (2): 1–100.

Borio, Claudio, 2014a. The Financial Cycle and Macroeconomics: What Have We Learnt? *Journal of Banking and Finance* 45:182–198.

Borio, Claudio, 2014b. The International Monetary and Financial System: Its Achilles Heel and What to Do about It, BIS Working Paper 456.

Borio, Claudio, and Piti Disyatat, 2009. Unconventional Monetary Policies: An Appraisal, BIS Working Paper 292.

Borio, Claudio, and Piti Disyatat, 2011. Global Imbalances and the Financial Crisis: Link or No Link? BIS Working Papers 346. http://www.bis.org/publ/work346.pdf

Borio, Claudio, and W. R. White, 2004. Whither Monetary and Financial Stability? The Implications of Evolving Policy Regimes (No. 147).

Bank for International Settlements.

Brauning, F., and Ivashina, V., 2020. U.S. Monetary Policy and Emerging Market Credit Cycles. *Journal of Monetary Economics* 112:57–76.

Bruno, Valentina, and Hyun Song Shin, 2015. Capital Flows and the Risk-Taking Channel of Monetary Policy. *Journal of Monetary Economics* 71:119–132.

Calvo, Guillermo A., and Carmen M. Reinhart, 2002. Fear of Floating. *Quarterly Journal of Economics* 117 (2): 379–408.

Carstens, Agustin, 2022. The Return of Inflation. Speech at the International Center for Monetary and Banking Studies, Geneva, Switzerland, 5 April. https://www.bis.org/speeches/sp220405.pdf

Caruana, Jaime, 2012. Policy Making in an Inter-connected World, Federal Reserve Bank of Kansas City. http://www.kansascityfed.org/publications/research/escp/escp-2012.cfm

Cesa-Bianchi, Ambrogio, Andrea Ferrero, and Alessandro Rebucci, 2018. International Credit Supply Shocks. *Journal of International Economics* 112:219–237.

Cetorelli, Nicola, and Linda S. Goldberg, 2012. Banking Globalization and Monetary Transmission. *Journal of Finance* 67 (5): 1811–1843.

Cheng, Ing-Haw, Sahil Raina, and Wei Xiong, 2014. Wall Street and the Housing Bubble. *American Economic Review* 104 (9): 2797–2829.

Chudik, Alexander, and Marcel Fratzscher, 2012. Liquidity, Risk and the Global Transmission of the 2007–9 Financial Crisis and the 2010–11 Sovereign Debt Crisis, ECB Working Paper 1416.

Cochrane, J., 2018. Slok on QE, and a Great Paper. https://johnhcochrane.blogspot.com/2018/02/slok-on-qe-and-great-paper.html

Coeure, B., 2021. Finance Disrupted, speech at the 23rd Geneva Conference on the World Economy, Geneva, Switzerland, 7 October. https://www.bis.org/speeches/sp211007.htm

Cowen, T, 2011. *The Great Stagnation: How America Ate All the Low-Hanging Fruit of Modern History, Got Sick, and Will (Eventually) Feel Better: A Penguin eSpecial from Dutton*. New York: Penguin.

Crockett, Andrew, 2001. Monetary Policy and Financial Stability, BIS. http://www.bis.org/review/r010216b.pdf?frames=0

Di Maggio, Marco, Amir Kermani, and Christopher J. Palmer, 2020. How Quantitative Easing Works: Evidence on the Refinancing Channel. *Review of Economic Studies* 87 (3): 1498–1528.

Diamond, Douglas W., Yunzhi Hu, and Raghuram G. Rajan, 2020a. Pledgeability, Industry Liquidity, and Financing Cycles. *Journal of Finance* 75 (1): 419–461.

Diamond, Douglas W., Yunzhi Hu, and Raghuram G. Rajan, 2020b. The Spillovers from Easy Liquidity and the Implications for Multilateralism. *IMF Economic Review* 68 (1): 4–34.

Diamond, Douglas W., and Raghuram Rajan, 2012. Illiquid Banks, Financial Stability, and Interest Rate Policy. *Journal of Political Economy* 120 (3): 552–591.

Draghi, Mario, 2012. Speech by Mario Draghi, President of the European Central Bank at the Global Investment Conference, 26 July, London, UK. www.ecb.europa.eu/press/key/date/2012/html/sp120726.en.html

Eggertsson, Gauti B., and Paul Krugman, 2012. Debt, Deleveraging, and the Liquidity Trap: A Fisher-Minsky-Koo Approach. *Quarterly Journal of Economics* 127 (3): 1469–1513.

Eichenbaum, Martin, and Charles Evans, 1995. Some Empirical Evidence on the Effects of Shocks to Monetary Policy on Exchange Rates.

Quarterly Journal of Economics 110 (4): 975–1009.

Eichengreen, B., M. El-Erian, A. Fraga, T. Ito, J. Pisani-Ferry, E. Prasad, R. Rajan, M. Ramos, C. Reinhart, H. Rey, D. Rodrik, K. Rogoff, H. S. Shin, A. Velasco, B. Weder di Mauro, and Y. Yu, 2011. Rethinking Central Banking, Report of the Committee on International Economic Policy and Reform. Washington, DC: Brookings Institution.

Fabo, Brian, Martina Jančoková, Elisabeth Kempf, and Ľuboš Pástor, 2021. Fifty Shades of QE: Comparing Findings of Central Bankers and Academics. *Journal of Monetary Economics* 120:1–20.

Farhi, Emmanuel, and Jean Tirole, 2012. Collective Moral Hazard, Maturity Mismatch, and Systemic Bailouts. *American Economic Review* 102:60–93.

Foley-Fisher, Nathan, Rodney Ramcharan, and Edison Yu, 2016. The Impact of Unconventional Monetary Policy on Firm Financing Constraints: Evidence from the Maturity Extension Program. *Journal of Financial Economics* 122:409–429.

Geanakoplos, John, 2010. The Leverage Cycle. *NBER Macroeconomic Annual* 24 (1): 1–65.

Gopinath, Gita, and Jeremy C. Stein, 2021. Banking, Trade, and the Making of a Dominant Currency. *Quarterly Journal of Economics* 136 (2): 783–830.

Greenlaw, David, James D. Hamilton, Ethan Harris, and Kenneth D. West, 2018. A Skeptical View of the Impact of the Fed's Balance Sheet. Chicago Booth Working Paper. https://research.chicagobooth.edu/-/me dia/research/igm/docs/2018-usmpf-report.pdf

Greenspan, Alan, 1996. The Challenges of Central Banking in a Democratic Society, speech at the American Enterprise Institute, Washington, DC, 5 December. www.federalreserve.gov/boarddocs/speeches /1996/19961205.htm

Greenspan, Alan, 2002. Opening Remarks. Federal Reserve Bank of Kansas City, Jackson Hole Conference, Jackson Hole, WY, 30 August.

Grosse-Rueschkamp, Benjamin, Sascha Steffen, and Daniel Streitz, 2019. A Capital Structure Channel of Monetary Policy. *Journal of Financial Economics* 133:357–378.

Hausmann, Ricardo, Ugo Panizza, and Ernesto Stein, 2001. Why Do Countries Float the Way They Float? *Journal of Development Economics* 66 (2): 387–414.

Hofmann, Boris, Hyun Song Shin, and Mauricio Villamizar-Villegas, 2019. FX Intervention and Domestic Credit: Evidence from High-Frequency Micro Data, BIS Working Paper 774.

International Monetary Fund, 2006. *Article IV of the Fund's Articles of Agreement: An Overview of the Legal Framework.* Washington, DC: International Monetary Fund.

International Monetary Fund, 2007. *Review of the 1977 Decision—Proposal for a New Decision, and Public Information Notice.* Washington, DC: International Monetary Fund.

International Monetary Fund, 2012. The Liberalization and Management of Capital Flows: An Institutional View. https://www.imf.org/external/np/pp/eng/2012/111412.pdf

Ioannidou, Vasso, Steven Ongena, and José Luis Peydró, 2009. Monetary Policy and Subprime Lending: A Tall Tale of Low Federal Funds Rates, Hazardous Loan and Reduced Loans Spreads. European Banking Centre Discussion Paper 45.

King, Mervyn, 2013. Monetary Policy: Many Targets, Many Instruments. Where Do We Stand? Remarks Given by the Governor of the Bank of England at the IMF Conference on Rethinking Macro Policy II: First Steps and Early Lessons, Washington, DC.

Kohn, Donald, 2015. Implementing Macroprudential and Monetary Policies: The Case for Two Committees, Speech at Federal Reserve Bank of Boston, Boston, MA. https://www.brookings.edu/on-the-record/implementing-macroprudential-and-monetary-policies-the-case-for-two-committees/

Krishnamurthy, Arvind, 2010. How Debt Markets Have Malfunctioned in the Crisis. *Journal of Economic Perspectives* 24 (1): 3–28.

Krishnamurthy, Arvind, and Annette Vissing-Jorgensen, 2011. The Effects of Quantitative Easing on Interest Rates: Channels and Implications for Policy. *Brookings Papers on Economic Activity* No. 2 (Fall): 215–265.

Kroszner, Randall, 2003. Is It Better to Forgive Than to Receive? An Empirical Analysis of the Impact of Debt Repudiation, Working Paper, University of Chicago.

Kydland, Finn E., and Edward C. Prescot, 1977. Rules Rather Than Discretion: The Inconsistency of Optimal Plans. *Journal of Political Economy* 85 (3): 473–492.

Levy, Mickey D., and Charles I. Plosser, 2022. The Murky Future of Monetary Policy. *Federal Reserve Bank of St. Louis Review.* https://doi.org/10.20955/r.104.178-88

Maddaloni, Angela, and José-Luis Peydró, 2011. Bank Risk Taking, Securitization, Supervision, and Low Interest Rates: Evidence from Lending Standards. *Review of Financial Studies* 24 (6): 2121–2165.

Mian, A., and A. Sufi, 2015. *House of Debt: How They (and You) Caused the Great Recession, and How We Can Prevent It from Happening Again.* Chicago, IL: University of Chicago Press.

Mishra, Prachi, and Raghuram Rajan, 2019. International Rules of the Monetary Game. In *Currencies, Capital, and Central Bank Balances*, edited by John Cochrane, Kyle Palermo, and John Taylor. Stanford,

CA: Hoover Institution Press, 1–42.

Morais, Bernardo, José-Luis Peydro, and Claudia Ruiz, 2015. The International Bank Lending Channel of Monetary Policy Rates and QE: Credit Supply, Reach-for-Yield, and Real Effects. International Finance Discussion Papers 1137. Board of Governors of the Federal Reserve System.

Myers, Stewart, 1977. Determinants of Corporate Borrowing. *Journal of Financial Economics* 5:147–175.

Plosser, Charles, 2021. The Fed's Risky Experiment. Hoover Institution Working Paper 21116.

Rajan, Raghuram, 2006. Has Financial Development Made the World Riskier? *European Financial Management* 12 (4): 499–533.

Rajan, Raghuram, and Rodney Ramcharan, 2015. The Anatomy of a Credit Crisis: The Boom and Bust in Farm Land Prices in the United States in the 1920s. *American Economic Review* 105 (4): 1439–1477.

Rey, Helene, 2013. Dilemma not Trilemma: The Global Financial Cycle and Monetary Policy Independence, paper presented at the 25th Federal Reserve Bank of Kansas City Annual Economic Policy Symposium, Jackson Hole, WY, 24 August.

Rey, Helene, 2017. The Global Financial System, the Real Rate of Interest and a Long History of Boom-Bust Cycles, Andrew Crockett Memorial Lecture, Bank of International Settlements.

Rogoff, Kenneth, 1985. The Optimal Degree of Commitment to an Intermediary Monetary Target. *Quarterly Journal of Economics* 100:1169–1189.

Rogoff, Kenneth, 2004. Globalization and Global Disinflation. In Jackson Hole Symposium Proceedings, Monetary Policy and Uncertainty: Adapting to a Changing Economy, 77–112. Federal Reserve Bank of Kansas City. https://scholar.harvard.edu/files/rogoff/files/rogoff2003.pdf

Schularick, Moritz, and Alan M. Taylor, 2012. Credit Booms Gone

Bust: Monetary Policy: Leverage Cycles, and Financial Crises, 1870–2008. *American Economic Review* 102:1029–1061.

Shin, Hyun Song, 2016. The Bank/Capital Markets Nexus Goes Global, speech given at the London School of Economics and Political Science, London, UK, 15 November.

Smith, Annabel, 2021. KBC AM Fixed Income Dealer Departs for Tradeweb Product Development Role. The Trade. https://www .thetradenews.com/kbc-am-fixed-income-dealer-departs-for-tradeweb -product-development-role/.

Stein, Jeremy C., 2013. Overheating in Credit Markets: Origins, Measurement, and Policy Responses, Board of Governors of the Federal Reserve System. http://www.federalreserve.gov/newsevents/speech /stein20130207a.htm.

Stein, Jeremy, Robin Greenwood, and Samuel Hanson, 2010. A Gap-Filling Theory of Corporate Debt Maturity Choice. *Journal of Finance* 65 (3): 993–1028.

Streeck, Wolfgang, 2011. The Crises of Democratic Capitalism. *New Left Review*. https://newleftreview.org/issues/ii71/articles/wolfgang -streeck-the-crises-of-democratic-capitalism.

Svensson, Lars E. O., 2001. The Zero Bound in an Open Economy: A Foolproof Way of Escaping from a Liquidity Trap. *Monetary and Economic Studies* 19 (S-1): 277–312.

Taylor, John B., 1993. Discretion versus Policy Rules in Practice. In *Carnegie-Rochester Conference Series on Public Policy* (Vol. 39, 195–214). Amsterdam: North-Holland.

Taylor, John B., 2017. Ideas and Institutions in Monetary Policy Making, the Karl Brunner Lecture, Swiss National Bank, Zurich, Switzerland, 21 September.

Tobin, James, 1969. A General Equilibrium Approach to Monetary Theory. *Journal of Money, Credit and Banking* 1 (1): 15–29.

Woodford, Michael, 2012. Methods of Policy Accommodation at the Interest-Rate Lower Bound, paper presented at the Federal Reserve Bank of Kansas City Symposium at Jackson Hole, Jackson Hole, WY, 31 August.